AF306296

THÈSE
POUR LE DOCTORAT.

L'acte public sur les matières ci-après sera soutenu ;
le jeudi 6 mars 1856, à une heure et demie,

Par H.-A. POUGNET,

né à Verdun (Meuse), le 16 juin 1834,
Avocat à la Cour impériale de Paris.

Président : M. PELLAT, Professeur.

SUFFRAGANTS :
MM. VALETTE,
PERREYVE,
BONNIER,
DEMANGEAT,

Professeurs.

Suppléant.

*Le Candidat répondra en outre aux questions qui lui seront faites
sur les autres matières de l'enseignement.*

PARIS,

CHARLES DE MOURGUES FRÈRES, SUCCESSEURS DE VINCHON,
IMPRIMEURS DE LA FACULTÉ DE DROIT,
rue Jean-Jacques Rousseau, 8.

1856.

081

42060

A MON PÈRE, A MA MÈRE.

———

A MA SŒUR.

Ⓒ

DROIT ROMAIN.

AVANT-PROPOS.

DE L'IMPORTANCE DU TESTAMENT EN DROIT ROMAIN ET DE L'OBJET DE CETTE THÈSE.

L'idée seule qu'éveille chez tout le monde le mot de *testament* est un signe certain de l'importance que doit avoir, dans toutes les législations, un acte aussi considérable; la définition qu'en donnent les jurisconsultes romains suffit elle seule à faire entrevoir quelle fut en particulier cette importance sous l'empire d'institutions que la politique avait imposées d'abord, que la civilisation adoucit

ensuite, mais que plusieurs siècles de transformations furent impuissants à faire oublier complétement au peuple dont elles avaient assuré
le succès et la grandeur.

Le testament, dit Modestin (loi 1, *qui testamenta facere possunt*), est la manifestation conforme aux lois de ce que nous voulons être
fait après notre mort. Le testament, en effet, est
l'exercice d'un pouvoir souverain que le citoyen
législateur conserve au-delà du tombeau, pouvoir qui lui est d'autant plus cher qu'il lui permet, pour ainsi dire, de jouir après sa mort de
l'autorité absolue et despotique dont la loi l'a
investi de son vivant, pour le gouvernement de
sa famille. Le testateur se substitue dans la
cité un homme qui y tiendra la place qu'il y
occupait; le chef de famille ne mourra pas, il
revivra dans le successeur qu'il s'est choisi
lui-même; sa personne juridique survit à sa
personne physique, pour les choses sacrées,
pour les choses profanes; cette substitution
d'un citoyen à un autre, avec ce caractère religieux et essentiellement politique, intéresse
trop gravement tout l'ordre social pour que la
république y reste indifférente et étrangère; ce
successeur devra être agréé par le peuple assem-
blé en ses comices; les comices (*calata comitia*)
rendront une loi par laquelle elles acceptent
ou rejettent le choix fait par le testateur....

Bientôt les justes exigences de la plèbe (1) amèneront une loi uniforme ; cette loi, complétant et sanctionnant par l'autorité publique la puissante organisation de la *familia*, en donnera le gouvernement au chef pour le temps même où il ne sera plus ; nivelant le patriciat et la plèbe, elle donnera à tous les citoyens le droit de *condere legem hereditatis suæ ; uti legassit super pecunia tutelave suæ rei, ita jus erit ;* il désignera son successeur, son héritier ; lui seul ordonnera, le peuple ne sera qu'un témoin constatant publiquement sa volonté ; législateur, il fera d'un esclave un homme libre, il en fera un *civis romanus ;* qu'il ait suivi les inspirations de la nature, qu'il ait obéi aux seules impulsions du caprice, ses biens iront à celui qu'il lui a plu d'enrichir : *legatum est quod legis modo id est imperative testamento relinquitur* (Ulp. Fr., tit. xxiv, § 1). En un mot qui résume tout, le testament est une loi dont chacun pour soi-même est l'auteur souverain, et dont l'État promet et assure la pleine, entière, et fidèle observation (Gaius, C. II, § 104).

---

(1) Les plébéiens purent toujours rester *colatis comitiis,* mais on conçoit que l'organisation des comices et des curies paralysant leur supériorité numérique, et les constituant toujours en minorité infime, leurs testaments durent souvent rencontrer des obstacles.

Un droit aussi étendu, aussi énorme, ne dut pas être négligé par le citoyen romain : il ne le fut jamais; on tint pour flétrie en quelque sorte la mémoire de celui qui s'était reposé sur la loi commune du soin de régler son hérédité; mourir intestat fut un malheur; nulle volonté dernière ne put être imposée à celui que la loi et non le testament avait fait héritier ; dût le testament appeler à l'hérédité, celui qui déjà était héritier légitime, le citoyen voulut tester, et l'abandon d'un droit aussi précieux fit, dans l'estime de ses concitoyens, déchoir le défunt du rang élevé auquel les Douze Tables l'avaient appelé dans l'État.

Si, portant plus haut nos regards, nous quittons la sphère étroite de la famille pour entrer dans le tourbillon de la république, si des intérêts privés nous nous élevons jusqu'aux grands intérêts sociaux, nous verrons encore le testament tenir, à côté de l'adoption, une large place dans les destinées du monde romain; l'histoire consultée nous répondrait que des affranchissements innombrables ont souvent joué un rôle considérable dans les révolutions que Rome a souhaitées ou subies, et qu'un testament a pu quelquefois décider du sort de l'Empire.

C'en est assez pour montrer de quel intérêt

il serait d'entréprendre une étude approfondie sur cette belle et vaste branche du droit romain ; l'on pourrait assister à la naissance de Rome, et sceller le tombeau de l'Empire à Byzance, suivre à travers les siècles les transformations que le testament a successivement subies, en étudier les formes dans les comices (*calatis comitiis*), au milieu d'une armée prête à fondre sur l'ennemi ou à enlever un retranchement (*in procinctu*, Velleius Paterc.), ou devant quelques témoins assemblés pour une mancipation (*per æs et libram*), pâle vestige des anciens comices, et trouver ainsi l'origine du testament moderne dans le parchemin signé et scellé dont le droit honoraire et le droit impérial se sont enfin contentés (*tripartitum*) ; l'on aurait à se poser et à résoudre ces innombrables et curieuses questions de capacité chez le testateur, ou chez ceux qu'il veut faire ses héritiers, à étudier ces solennités presque bizarres, bien qu'elles eussent leur raison d'être, dont un droit singulièrement formaliste avait entouré le testament, ces déchéances introduites par les besoins d'une politique sans cesse mouvante, étendues et peut-être exagérées par les rigueurs d'une logique impitoyable ; l'on serait frappé des restrictions imposées à la faculté législative de faire son testament, les unes dans l'intérêt général de la société, les autres dans un intérêt privé et de famille (lois *Ælia Sentia*, *Fusia Caninia*, *Voconia*, *Falcidia* : exhérédation, inofficiosité, légitime) ; — partout l'on retrouverait la trace et peut-être aussi l'explication d'institutions dont l'intérêt a survécu à l'actualité et qui font encore de l'étude du droit romain l'une des sciences historiques les plus utiles et les plus fécondes en résultats.

Un semblable traité n'est pas celui que je puis me proposer ; la nature même du travail que je dois entreprendre, le but en vue duquel il est fait, et par-dessus tout la faiblesse de mes connaissances juridiques, m'imposent des limites plus étroites qu'il ne me sera déjà que trop difficile de préciser et d'atteindre.

Je veux surtout m'occuper de ce que les Romains ont appelé l'institution d'héritier, c'est-à-dire la désignation solennelle de celui ou de ceux que le testateur veut avoir pour continuateurs de sa personne ; sans elle il n'est point de testament possible ; elle en est la tête et le fondement ; d'elle seule les dispositions testamentaires tirent toute leur force ; ce sont les expressions mêmes des textes ; vient-elle à tomber, au contraire, le citoyen meurt intestat : ne faut-il pas, en effet, pour exécuter la loi qu'il a écrite, qu'une personne existe à laquelle il ait pu l'imposer ? ne faut-il pas par suite que cette personne soit désignée tout d'abord (1) ?

L'institution d'héritier peut donc être, par elle-même et par elle seule, l'objet d'une étude sérieuse et utile pour celui qui s'y livre; *quelles sont les conditions nécessaires à sa validité, quelles personnes elle peut comprendre, quelles formes particulières elle doit revêtir indépendamment des formalités générales des testaments dont je n'ai pas à parler, de quelles modalités enfin elle est susceptible :* telles sont dans leur ordre naturel les questions principales que je me bornerai à traiter. Je mentionnerai seulement les incapacités nombreuses qui, aux diverses époques de la législation romaine, ont fait obstacle à la volonté du testateur; je ne m'attacherai pas à reproduire ni à expliquer toutes les questions de détail dont sont surchargés les textes accumulés au titre *de heredibus instituendis,* au Digeste, siége de la matière : ma thèse ne serait alors qu'un reflet nécessairement bien pâle des savants commentaires dus aux grands docteurs des siècles précédents ; je m'arrêterai seulement aux plus importants ou

---

(1) Dans ses Novelles, Justinien force l'héritier ab intestat qui vient par suite de la répudiation de l'institution à acquitter les legs..... Mais cela n'empêche pas que l'institution ne soit encore nécessaire à la validité du legs : seulement la défaillance de l'institution n'entraînera plus celle du legs.

à ceux qui tiennent à mon sujet par un rapport plus particulièrement direct; en un mot, je m'efforcerai de tracer les règles d'après lesquelles, étant présenté un testament, il est possible de reconnaître *s'il est capable* de produire un effet ou s'il ne l'est pas; mais je ne m'occuperai pas des déchéances qui peuvent paralyser cet effet, ou du moins je ne le ferai que par occasion, et non d'une manière complète et méthodique; j'aurai quelquefois à parler des substitutions : ce ne sera aussi qu'accessoirement à mon sujet principal; même restreinte à ces limites, l'étude des institutions testamentaires ne laisse pas que d'offrir des difficultés assez nombreuses, assez délicates pour effrayer un novice ; Dieu veuille que dans ce labyrinthe je ne perde pas le fil conducteur et que je puisse, sans trop d'erreurs ou de confusions, grouper avec méthode les principes qui peuvent et doivent servir à les résoudre.

QUELQUES CONSIDÉRATIONS GÉNÉRALES SUR LA VALIDITÉ DU TESTAMENT.

Du moment qu'une loi permet l'usage du testament et protége de sa toute-puissante autorité les dernières volontés des mourants, elle doit nécessairement subordonner cette protection à des conditions qui sont pour la société et pour les familles une garantie contre les abus possibles du droit qu'elle confère à chacun ; ces conditions varient avec le caractère des peuples, avec leurs mœurs, avec leurs besoins politiques ; mais il en est que l'on retrouve partout, parce qu'elles sont fondamentales et qu'elles sont basées sur le bon sens et la raison universelles plus encore que sur les lois et sur les Codes. Chaque législateur les a adoptées et imposées à la faculté de tester ; dans les dispositions de détails seuls on remarque une infinie variété : le fond est partout le même ; ces conditions, les voici en substance : il faut :

1° Que le testateur ait une capacité suffisante pour faire son testament ; de là, des règles sur la capacité du testateur.

2° Que le successeur qu'il se choisit soit aussi capable de devenir non-seulement héritier d'une personne quelconque, mais encore le sien ; de là des règles sur la capacité absolue ou relative d'être choisi pour héritier.

3° Que la volonté du disposant se manifeste avec une certaine solennité qui assure la sincérité, l'authenticité, la liberté des actes destinés à les faire connaître.

4° Qu'il ne survienne aucun événement de nature à paralyser après coup l'effet que devait produire le testament.

C'est en vue de l'organisation de ces quatre

principes, en vue de leur mise en œuvre, s'il m'est permis d'employer cette expression, que sont édictées toutes les dispositions d'une loi relative à la grande manifestation de la puissance dont chacun est investi dans l'état auquel il appartient et qui se nomme droit de faire un testament.

Plus qu'aucune autre, la législation romaine offre sur ces matières un ensemble de combinaisons savantes, souvent subtiles, conséquences admirablement déduites de principes juridiques ou d'institutions dont il est quelquefois permis de regretter la rigueur, mais devant la grandeur desquels il faut toujours s'incliner.

Des quatre grandes questions que j'ai indiquées, chacune pourrait aisément faire à elle seule l'objet d'un travail long, minutieux, et leurs détails relevés et consignés avec soin ne sauraient être sans quelque intérêt; les étudier toutes les quatre sous tous leurs aspects n'est pas ce que comporte le plan restreint que je me suis naturellement proposé en prenant pour base de ma thèse le titre *de heredibus instituendis*, au Digeste; me bornant à traiter spécialement de l'institution d'héritier, je me place en présence d'un testament *jure perfectum*, et quant à la capacité de son auteur, et quant à l'accomplissement des formalités exigées par la loi; je ne me demande pas par conséquent quelles sont ces formalités, ni quelle a été sur ce point la marche progressive des mœurs et du droit; je veux ignorer quelles conditions réunies dans la personne du testateur ont pu constituer sa capacité; je ne recherche pas enfin quels événements, quelles circonstances pourraient éventuellement paralyser ses volontés; j'élimine ainsi tout d'abord les grandes questions des formes générales des testaments, celle des déchéances, si délicates et si curieuses, me réservant de parler en leur lieu des formes particulières à cette partie du testament que l'on nomme institution d'héritier, et des modalités dont elle est susceptible; sur ce point et sur la capacité requise dans la personne de l'institué doit se concentrer toute mon attention; quant à la capacité considérée dans la personne du testateur, je crois qu'il est seulement nécessaire d'indiquer rapidement les règles les plus remarquables qui l'ont organisée aux différentes époques de la législation romaine, et de signaler en quelques mots les restrictions principales dont la faculté de tester a été l'objet pour quelques-unes des classes nombreuses qui se partageaient la masse des individus.

QUELQUES PRINCIPES GÉNÉRAUX SUR LA CAPACITÉ DU TESTATEUR.

Une distinction fondamentale domine cette

théorie : c'est celle que l'on doit faire entre la *jouissance* et l'*exercice* du droit. La *jouissance*, c'est le droit d'*avoir* un testament; l'*exercice*, c'est le droit de le *faire;* deux facultés qu'il faut se garder de confondre. Au moment où il fait son testament, le testateur doit nécessairement avoir la jouissance et l'exercice du droit; au moment où il meurt, il peut impunément avoir perdu l'exercice, pourvu qu'il ait conservé la jouissance. En effet, il a usé de son droit; qu'est-il besoin qu'il en puisse user encore? Mais pour que son testament soit respecté comme valable, ne faut-il pas qu'il ait le droit d'*avoir* ce testament, en d'autres termes, qu'il ait encore la jouissance du droit dont il n'a plus l'exercice? Cela fait pressentir qu'il peut fort bien arriver qu'ayant fait un testament parfaitement valable dans l'origine, le testateur meure intestat. Il en sera ainsi toutes les fois qu'à sa mort il aura, pour des causes légales, perdu et l'exercice et la jouissance du droit de tester. La rigueur des principes voulait même que le testament fût encore annulé alors qu'à son décès le testateur avait la jouissance et l'exercice du droit, si, à un moment quelconque dans l'intervalle de la confection du testament à sa mort, il avait perdu l'un et l'autre. Les recouvrer lui était inutile pour valider de nouveau son premier testament, mais lui donnait seulement le droit d'en faire un autre. Le droit prétorien (1) tempéra, il est vrai, ce que cette âpre logique avait d'excessif et écarta, en partie, des conséquences que déjà la loi Cornelia avait abandonnées en faveur de citoyens devenus esclaves par captivité de guerre.

De même resterait frappé d'une radicale nullité le testament de l'homme qui, privé de la jouissance et de l'exercice, ou seulement de l'exercice du droit de tester au moment où il l'a fait, se trouverait au moment de sa mort en possession de l'un et de l'autre. Les actes nuls dans leur principe ne peuvent, en effet, puiser dans le temps qui s'écoule une validité et une vertu qui leur ont manqué d'abord. C'est une règle générale du droit et que les jurisconsultes ont souvent appliquée aux testaments (L. 29, *de regulis juris;* lois 201, 210, id.; Paul. Javolenus, Licinius Rufinus).

Ces prolégomènes étant posés, il convient de rechercher sommairement quelles personnes n'avaient ni la jouissance ni l'exercice du droit de tester, quelles en avaient la jouissance sans l'exercice, quelles en avaient l'un et l'autre.

C'est une règle incontestée que ceux-là seuls ont le droit d'avoir et de faire un testament,

---

(1) Le § 0 aux Inst., *quib. mod. test. inf.*

qui ont *faction de testament*. Dans son acception primitive, la faction de testament est le droit d'entrer aux comices, plus tard celui de concourir à la confection du testament comme *emptor familiæ* (héritier), comme *mancipans* (testateur), ou comme témoin. Enfin, quand le testament s'est dépouillé de ses antiques solennités, le sens du mot *faction de testament* change, il se dédouble pour ainsi dire. Avoir la faction de testament signifie, d'un côté, avoir la capacité de faire un testament, et de l'autre avoir la capacité d'être institué. Enfin, deux personnes sont dites avoir entre elles faction de testament quand nulle incapacité relative ne s'oppose à l'institution de l'une par l'autre : la faction de testament n'a donc pas perdu toute trace de sa signification première.

Pour savoir si un testament est valable, la première chose à examiner est la question de savoir si le testateur avait la faction de testament (Gaïus, C. 2, § 114, L. 4, *qui testamenta facere possunt*, Dig.).

Quelles personnes ont ou n'ont pas la faction de testament, c'est-à-dire la capacité d'avoir et de faire un testament valable?

Il est à remarquer que ce sont celles à qui elle a été non pas *laissée*, mais *accordée* (*quibus non est permissum facere testamentum : qui testamenta facere possunt*). Telles sont les rubriques de titres aux Institutes et au Digeste ; la faction de testament a été donnée ; elle a été une concession. Nous avons vu, en effet, qu'elle est une sorte de démembrement de la puissance publique qui, abandonné au citoyen, lui permet de se donner dans l'État un successeur que le peuple n'agrée pas, qu'il subit ; aussi Papinien la range-t-il parmi les matières de droit public, et non de droit privé (L. 3, Dig., *qui testamenta facere possunt*).

Elle n'appartient jamais qu'aux seuls citoyens romains ou à ceux qui jouissent des droits de cité dans l'ordre civil, sans avoir cependant le titre de *civis* ni les autres prérogatives attachées à cette dignité ; tels sont les colons que l'on ne doit pas confondre avec les esclaves privilégiés qui plus tard furent désignés sous ce nom ; ils jouissent de la plénitude du droit civil et privé (*commercium, connubium, factio testamenti*) sans participer au droit politique, sauf peut-être le droit de prendre part au vote quand ils se trouvent à Rome.

Mais les esclaves ne peuvent jamais faire un testament ; l'esclave public, qui appartient au peuple romain, mais n'a pas de maître particulier, a cependant la faculté de disposer par testament de la moitié de son avoir (Ulp., frag. xx, § 16).

Pour la première fois, par la généralité de

ses termes, la loi des Douze Tables accorde aux affranchis et à leurs enfants le droit de tester que la prépondérance du patriciat leur avait jusqu'alors refusé ; les lois qui modifièrent la position sociale des affanchis en en faisant des citoyens, des Latins Juniens, et des déditices, laissa aux premiers seuls la faction de testament ; quant aux Latins Juniens, ils ne purent tester bien qu'ils participassent au droit civil et privé ; mais la loi Junia leur avait expressément enlevé la faction de testament (Ulp., fr. xx, § 14). Ce fragment prouve que la loi Junia procéda à leur égard non par voie de concession, mais par voie d'exclusion, en sorte qu'ils eurent *tous* les droits qui ne leur avaient pas été expressément enlevés ; quant aux déditices, ils ne purent non plus faire de testament, car ils étaient pérégrins ; les pérégrins, auxquels était refusée la faction de testament romaine, pouvaient, il est vrai, tester selon le droit de la cité à laquelle ils appartenaient ; mais le déditice, n'étant, à proprement parler, membre d'aucune cité, se vit exclu même de ce droit relatif aux autres pérégrins.

La faction de testament n'appartient donc en général qu'aux citoyens romains, mais elle ne leur appartient pas à tous indistinctement.

Pour tester, il faut être chef de sa famille, *sui juris ;* le *filiusfamilias* ne peut, même avec la permission du *paterfamilias* sous la puissance duquel il est placé, faire un testament valable. Tel est le droit rigoureux ; en consultant l'histoire, nous verrions les adoucissements que lui impose successivement le droit impérial ; les constitutions permettent au *filiusfamilias* de disposer par testament du pécule castrens pour lequel il était père de famille, puis du pécule quasi-castrens, relativement auquel Justinien étend à tous les *filiifamilias* une faveur qui d'abord n'avait été qu'exceptionnellement accordée à quelques-uns d'entre eux (loi 12, Code, *qui testamenta facere possunt ;* constitution de 531).

Il ne lui suffit pas encore d'être membre de la cité et de ne reconnaître dans sa famille d'autre chef que lui-même, il faut que le testateur ait l'esprit et le jugement assez formés pour qu'il dispose en connaissance de cause de son hérédité ; cet *animi judicium* que la loi exige chez lui, il ne l'a que lorsqu'il est pubère, l'homme à quatorze ans, la femme à douze ; avant cet âge, il peut *avoir* un testament ; il l'aura si le chef de famille, qui jadis l'a tenu en sa puissance, a usé du droit qu'il a eu de disposer de son hérédité pour le cas où il mourrait impubère ; mais il n'a pas le droit de le faire.

Il faut enfin que le citoyen romain *sui juris,*

pubère, sain d'esprit, car la sanité d'esprit est aussi indispensable (L. 2, *qui testam. fac. pos.*, Dig.), capable par conséquent de faire un testament, ait conscience, au moment où il le fait, de sa capacité; vainement l'esclave affranchi et devenu citoyen romain fait-il son testament s'il ignore encore le titre qui vient de lui être conféré et les droits qu'il vient d'acquérir avec lui; il fait un acte nul: *nam qui incertus de statu suo est certam legem testamento dicere non potest* (L. 14, Dig, *qui test. fac. pos.*). La cité, le titre de *paterfamilias* (sauf le droit exceptionnel sur les pécules castrense et quasi-castrense), la puberté, la connaissance de sa capacité et la sanité d'esprit : telles sont donc en résumé les conditions indispensables pour qu'une personne puisse valablement faire son testament.

En général elles sont suffisantes; l'on peut cependant mentionner encore certaines incapacités qui tiennent à un autre ordre d'idées : par exemple, celle où est la femme de faire un testament sans l'autorisation de son tuteur perpétuel, incapacité qui tendit à disparaître et disparut en effet avec l'institution qui lui avait donné naissance, que Cicéron tournait déjà en ridicule (*pro. Mur.*), dont Gaius (C. I., § 190) met en relief l'inutilité, et dont il ne restait que des traces bien légères au temps d'Ulpien (frag. XI, § 8).

Quelques individus, capables sous tous les rapports, étaient cependant privés du droit de faire un testament à raison de condamnations qu'ils avaient encourues et de l'infamie qui s'attachait à eux ; ils sont déclarés *intestabiles* (L. 18, § 1, *qui test. facere pos.*, *ob carmen famosum* ; *L. 15 de testibus*, pour concussion ; L. 14, id., pour adultère) (1). Incapables de figurer comme témoins dans un testament *per æs et libram*, ces personnes sont par là même privées de la faction de testament, et leur incapacité survit aux formalités qui en avaient été la source.

Quant à l'interdiction de l'eau et du feu et à la déportation qui l'a remplacée, si elles entraînent la perte de la faction de testament, c'est qu'elles font perdre la cité qui en est un des éléments essentiels » (L. 8, *qui test. fac. pos.*)

Pour d'autres, l'incapacité fut la conséquence d'infirmités physiques ou intellectuelles ; il faut être sain d'esprit pour faire un testament (L. 2, id.) le fou ne peut donc pas tester, *quia mente caret* (Instit.) ; le prodigue auquel est retirée l'administration de ses biens ne le peut pas davantage (L. 18, *qui test. fac. pos.*) ; le

---

(1) On pourrait rattacher à ces incapacités les entraves apportées au droit de tester que perdent en grande partie les personnes coupables d'inceste (*de incestis*, Cod., 1. 6).

testament *per æs et libram* exige en effet une eman-
cipation qu'il ne peut faire, et son incapacité,
qui d'abord n'est qu'une conséquence d'un
principe juridique, devient elle-même une
règle qui, forte de sa sagesse, survit à sa première raison d'être. Le muet, incapable de
prononcer les paroles solennelles du testament
per æs et libram; le sourd, incapable de les entendre, sont également privés du droit de tester
(Ulp., fr. XX, § 13); ils ne la recouvrent que
par le bienfait du droit impérial (L. 10, Code,
qui test. fac. pos.), qui ne refuse plus la faction
de testament qu'à ceux de ces malheureux que
leur infirmité met dans l'impossibilité absolue
de manifester d'une manière certaine leurs
volontés dernières.

Remarquons du reste que ces incapacités
portent atteinte seulement à l'exercice et non
à la jouissance du droit de tester; en sorte que
si un homme ayant pleine capacité vient à tomber en démence, à être interdit, à perdre l'ouïe
et la parole, le testament qu'il a fait antérieurement reste valable et produira tout son
effet (L. 18, *qui test. fac. pos.*, Dig., Inst. *eod.
tit.*).

Il en serait autrement s'il était devenu esclave, pérégrin : la jouissance du droit étant
alors perdue, son testament antérieurement

fait tomberait avec elle (L. 8, § 1, *qui test. fac. pos.*) sauf la règle : *media tempora non nocent.*

Il faut noter cependant comme exception à cette règle, ou plutôt comme formant un cas tout spécial, le testament du citoyen fait captif à l'ennemi : fait pendant sa captivité, son testament est nul, car la captivité suspend l'exercice de tous les droits ; mais comme elle les suspend seulement sans les anéantir, le testament qu'il a fait antérieurement est valable : s'il revient, le *postliminium* efface tout le temps de la captivité du citoyen : il n'a jamais été déchu de son état ; s'il meurt captif, le testament est encore valable, car aux yeux de la loi il est mort au moment même où il a perdu la liberté, et par suite il est mort dans l'intégralité de ses droits ; le testament est ouvert et produit ses effets au jour où a commencé sa captivité : c'est à ce moment qu'il faut se reporter pour régler toutes les questions de capacité, de dévolution, ou de transmission de l'hérédité.

Cet aperçu rapide permettant de se faire une idée sinon complète, du moins générale des règles qui régissent la capacité du testateur, je puis maintenant entrer dans l'examen des questions qui sont l'objet unique de mon travail, et étudier ce qu'est l'institution de l'héritier, quelle forme elle doit ou peut affecter, quelles personnes elle peut comprendre, à quelles modalités elle peut se plier. Un titre spécial sera naturellement consacré à chacune de ces subdivisions de mon sujet.

DES INSTITUTIONS D'HÉRITIER.

TITRE I".

De la capacité considérée dans la personne de l'héritier. Quelles personnes peuvent ou ne peuvent pas être instituées.

Ceux-là seuls peuvent être institués, qui ont la faction de testament (Ulp. *Frag.*; tit. XXII, § 1); telle est la règle fondamentale qui domine toute la matière des institutions d'héritier ; il s'agit ici de la faction de testament prise dans le sens de capacité de recevoir par testament, n'eût-on d'ailleurs pas celle de disposer de la même manière (L. 49, § 1, *de Hered. inst.*, Dig.).

En général la faction de testament appartient aux citoyens romains, et en général aussi elle n'appartient qu'à eux seuls, ou à leurs esclaves qui tirent de leur personne la capacité que la loi leur accorde. Ces règles sont formulées directement ou indirectement dans un grand nombre de textes qui les supposent nécessairement ou qui les expliquent; mais si elles sont générales, elles sont loin d'être absolues; il est des personnes qui sans être membres de la cité jouissent de la faction de testament; d'autres qui, citoyens romains, en sont néanmoins privées. L'impossibilité de poser à cet égard des principes dont l'application n'appelle pas des exceptions nombreuses et importantes, me fait une nécessité de procéder par énumération, et, comme la capacité est de droit commun, de rechercher d'abord quelles personnes sont incapables d'être instituées, pour m'occuper ensuite des personnes à la capacité desquelles la loi n'a mis aucune restriction.

CHAPITRE Ier.

DES PERSONNES INCAPABLES.

Les incapacités d'être institué héritier sont en droit romain nombreuses et de diverses sortes :

1° Les unes sont absolues : ceux qui en sont frappés ne peuvent être institués par *aucun* testateur;

2° Les autres sont relatives : ceux qu'elles

atteignent sont seulement privés de la faculté d'être institués par *certaines* personnes;

3° D'autres sont *partielles*, en ce sens que ceux en qui elles se rencontrent ne pourront recueillir qu'une portion de ce qui leur a été laissé; parmi ces dernières il en est qui sont aussi relatives en même temps que partielles;

4° D'autres enfin ne produisent d'effet que si l'institué n'a pas changé de condition dans un certain délai. Dans cette classe on peut en faire rentrer qui appartiennent également à la troisième.

En tenant compte des diverses époques qu'il faut envisager dans la législation, et en s'attachant à celles qui sont particulièrement intéressantes, on doit ranger :

Dans la première catégorie, l'incapacité des personnes incertaines (cités, collèges, posthumes, dieux, etc.), des pérégrins (déportés, déditices, *hostes*), et en général de tous ceux qui par naissance ou par événement sont privés de la liberté et de la cité, ou de l'un des deux, sans avoir de maître dont ils empruntent la capacité; dans le vieux droit, celle des sourds et des muets; dans le droit impérial, celle des apostats, des hérétiques, ceux du moins qui appartiennent aux sectes nombreuses que les constitutions ont particulièrement proscrites, et les fils des condamnés pour crime de lèse-majesté (1).

Dans la seconde catégorie se place l'incapacité des femmes depuis la loi Voconia, des enfants incestueux et de l'esclave accusé d'adultère avec sa maîtresse (2).

Dans la troisième, celle de l'homme marié qui n'a pas d'enfants, celle des enfants naturels en concours avec des enfants légitimes, et celle du second conjoint en présence d'enfants d'un premier lit : ces deux dernières se placent aussi dans la deuxième catégorie.

Enfin, parmi les incapacités qui affectent le droit de recueillir et non le droit d'être institué, qui, par conséquent, laissent à l'institution toute sa validité si elles sont purgées dans un certain délai, nous devons mentionner celle des Latins Juniens, des célibataires, et aussi celle des personnes mariées privées d'enfants, qui a déjà trouvé place dans la catégorie précédente. Enfin il faudrait aussi y faire rentrer

---

(1) L'on pourrait encore citer la femme qui se remarie avant la fin de son deuil (L. 1, Code, *de sec. nuptiis.*)

(2) La loi 1, Code, *de rei. nupt.*, frappe d'une incapacité relative et partielle le second mari de la femme qui l'a épousé avant la fin de son deuil.

La novelle 22 confirme ces rigueurs, ch. 32, et crée une nouvelle incapacité se rattachant au même ordre d'idées, ch. 40.

les cas de l'indigne, dont je ne parlerai pas, parce que, loin de supposer une incapacité d'être institué, ils supposent qu'il a d'abord été héritier et qu'on lui retire l'hérédité.

Ces incapacités sont loin d'avoir toutes coexisté : plusieurs se sont longtemps maintenues ; quelques-unes n'ont jamais été que tempérées ; quelques-unes n'ont fait que passer ; la plupart se sont succédé les unes aux autres.

SECTION Ire.

Des incapacités absolues.

§ 1er. — Des personnes incertaines.

I. Du premier venu.— II. Des villes et corporations.— III. Des pauvres, des dieux, des églises. — IV. Des posthumes.

I. Toujours il fut de règle en droit romain que le testateur, quand il institue son héritier, doit avoir en vue, d'une manière certaine, la personne qu'il se choisit ainsi pour successeur (*certum judicium ;* Ulp. *Fr.* tit. XXII, § 4). Aussi ne lui est-il pas permis d'instituer le premier qui sera nommé consul, le premier qui se rendra à ses funérailles (G. C. II, §§ 238 et suiv.). Il put instituer sans doute le premier qui parmi telles et telles personnes viendrait à ses funérailles, ou épouserait sa fille; il put aussi institúer l'homme qu'il ne connaît pas, si néanmoins il l'a eu en vue, mais non celui auquel il est impossible qu'il ait personnellement songé (G. C. II, § 238; Instit. *de hered. inst.*, § ult. Même titre au Code, l. 11). Cette prohibition fut levée par Justinien, et il suffit que l'héritier soit personnellement désigné, fût-il d'ailleurs actuellement personne incertaine (Inst., *de leg.*, §25-26). qu'aucun doute ne puisse s'élever sur son identité, pour que son institution soit regardée comme valable (L. 9, § 9, *de her. inst.*, Dig.). Ce n'est pas de cette incertitude dans la personne de l'institué qu'il est curieux de s'occuper; mais les Romains avaient considéré comme incertaines des personnes mêmes auxquelles le testateur avait pu parfaitement songer, mais qui, manquant d'une existence matérielle qui seule à leurs yeux pouvait les rendre l'objet d'une *demonstratio certa*, avaient été déclarées incapables d'être instituées : ces personnes sont les villes et corporations, les pauvres, les dieux et les posthumes.

II. Ulpien nous apprend (*Frag.*, tit. xxii, § 5) que les villes et leurs magistrats, en cette qualité, ne peuvent être institués, car il leur est impossible de faire adition par crétion, non

---

(1) Avant lui déjà, voyez la loi 14, *de reb. dubiis.*

plus que par acte d'héritier. Quand il écrit, la personnalité juridique des cités n'est encore qu'une idée vague et confuse ; la cité n'est pas un être moral capable de tous les droits attribués aux citoyens considérés comme individus ; elle n'en jouit pas, directement du moins. Sans doute elle peut être instituée par ses affranchis ; elle peut même recevoir de tout le monde par fidéicommis : ainsi l'a permis le sénat (Ulp., *loco cit.*); mais elle n'est pas délivrée des entraves qui gênent la bienfaisance de ses membres envers elle ; quelques années sont nécessaires pour que cette pleine capacité soit accordée à quelques corporations par privilége spécial (1), les autres en étant privées (L. 8, Code, Adrien, *de her. inst.*); puis, peu à peu, l'idée de leur personnalité juridique se dégage du vieux formalisme qui l'avait méconnue et comprimée; des textes d'Ulpien lui-même (L. 1, § 15; L. 6, § 4, *ad sen.-cons. Trebel.*) leur supposent la capacité d'être instituées; un rescrit de Léon la constate plutôt qu'il ne la leur accorde ; sous Justinien, toute

---

(1) Ces priviléges s'expliquent par l'abandon des colléges de métiers si nécessaires pour retarder la ruine complète du commerce et de l'industrie. On peut les rapprocher des priviléges accordés aux curiaux; ......par une autre ressemblance les curies aussi bien que les corporations devinrent obligatoires.

trace d'incapacité de ce genre a disparu.
Pourvu qu'il s'agisse d'une corporation reconnue par l'autorité publique (*licita*) ou, à plus
forte raison, d'une cité, le testateur a tout loisir
de les instituer comme un particulier, de les
grever de legs, de mettre à leur charge un
fidéicommis : toutes ses volontés seront res-
pectées (loi unique, Code, *de incertis personis*,
liv. vi, tit. xlviii).

III. Les pauvres, considérés en masse, les
dieux, c'est-à-dire leurs temples, furent aussi
l'objet de prohibitions semblables à celles qui
longtemps avaient frappé d'incapacité les cités
et colléges ; quelques-unes des divinités de
l'Olympe avaient été, comme quelques villes,
relevées par un sénatus-consulte (Ulp. *Frag.*,
tit. xxii, § 6) d'une incapacité qui cependant
était restée générale ; le droit des empereurs
fit bon marché de ces rigueurs des temps pas-
sés, de ces exigences d'une logique véritablement judaïque ; les pauvres purent être institués, les captifs le purent aussi ; l'évêque chargé
de recueillir pour eux l'hérédité dut en employer les biens au rachat de leur liberté.(*de
episcop. et cler.*, l. 49). Jésus-Christ put être
désigné pour héritier ; en son nom l'église du
domicile du testateur fût appelée au bénéfice
de l'hérédité ; un ange, un martyr, le purent
aussi : les biens étaient dévolus à celle des

églises placées sous leur patronage qui était située au domicile du testateur ou dans le voisinage, ou que le testateur fréquentait le plus assiduement, ou enfin, à défaut de ce dernier indice de sa volonté, à la plus pauvre (loi finale *de sacros. eccles.*).

IV. De toutes les incapacités dont la cause tient à l'incertitude de la personne, la plus remarquable est assurément celle qui, pendant trop longtemps, a frappé la classe des posthumes.

Dans son sens véritable, le mot *posthume* désigne celui qui naît après la mort de son père; mais il reçut des Romains une acception beaucoup vaste; on appela posthume par rapport au testateur celui qui n'était pas encore né au moment de la confection du testament; de tous temps (1) on a distingué les posthumes *siens* des posthumes *externes;* les premiers sont ceux qui dès leur naissance, et par le fait seul de leur naissance, se trouveront de plein droit au nombre des héritiers *siens* du testateur; les seconds sont tous les autres (Gaïus, c. ii, § 241). Ni les uns ni les autres ne purent d'abord être institués, car ils étaient des personnes incertaines pour le testateur; et cependant le posthume sien, par sa naissance, va rompre le

---

(1) Quant à la rupture des testaments.

testament de son père qu'il serait inique, et même contraire à la volonté de ce dernier, de maintenir en dépouillant son enfant; cette alternative inévitable de dépouiller l'enfant posthume ou de rendre son père intestat fit de bonne heure sentir la nécessité de permettre au testateur d'instituer le posthume *sien*; aucun texte de loi ne leva l'ancienne prohibition, mais les efforts des jurisconsultes tendirent à plier les rigueurs du droit aux besoins de l'équité et de la raison naturelle (Aquillus Gallus, Dig., L. 29, *de lib. et posth.*). L'institution du posthume sien se fit accepter sous ce patronage, et, par une suite de détours ingénieux, entraîna comme une espèce de conséquence la possibilité d'instituer le posthume qui, n'étant pas encore *suus* du testateur au moment où il fait son testament, peut ensuite le devenir (par exemple le petit-fils qui doit naître d'un fils encore vivant, pour le cas où le fils mourrait avant l'aïeul testateur (L. 29, *de lib. et posth.*).

C'était un premier pas vers un système plus largement conçu, plus philosophique, plus rationnellement utile ; la loi *Junia Velleia* (763 de Rome), qui appartient à cette époque de l'histoire romaine, si féconde en réformes et en innovations dans le droit, en fit faire à la législation un plus grand encore; jusqu'alors

Il avait été possible d'instituer ou d'exhéréder ceux des posthumes qui devaient nécessairement naître *sui*, et ceux qui, encore précédés dans la famille par leur père, pouvaient cependant devenir posthumes *sui* de l'aïeul testateur si le père venait à mourir ou à sortir de la famille avant la mort de l'aïeul et avant la naissance du posthume; mais là s'étaient arrêtés les jurisconsultes, parce que là s'arrêtait pour le testateur le danger de mourir intestat. Si nous supposons, en effet, un enfant *non conçu* ou *seulement conçu* au moment de la confection du testament, et qui naît *suus* avant la mort du testateur, le testament est rompu sans doute, mais il peut être refait; aussi n'avait-on pas songé à permettre au testateur d'instituer éventuellement ou d'exhéréder valablement un enfant dans ces conditions, et d'assurer ainsi le sort de son testament; la loi Velleia eut pour but de combler cette lacune; elle permit d'instituer ou d'exhéréder celui qui, non encore né au moment où est fait le testament, le serait avant la mort du testateur, et dont l'agnation comme héritier sien eût, sans cette précaution, inévitablement rompu le testament (*de lib. et posth.*, L. 29, § 12).

Dans un second chef, cette loi Velleia s'occupe aussi de ceux qui, déjà nés à la date du testament, et n'étant pas alors héritiers *sui* du testateur, peuvent ensuite le devenir, non pour permettre de les instituer, on le peut toujours, mais pour permettre de les exhéréder; car, n'étant pas appelés par la loi à l'hérédité, ils n'en pouvaient, avant la loi Velleia, être repoussés par un testament que leur agnation ultérieure, comme *sui*, eût néanmoins rompu; pour ceux-là, la loi *non sinit institui, sed vetat rumpi* (L. 29, § 13, 14, *de lib. et posth.*). Ce sont ces deux dernières catégories de personnes que, par un abus de langage singulier, mais justifié par l'analogie de leur position juridique avec celle des posthumes proprement dits, on a appelées *posthumes Velléiens* ou *quasi-posthumes*.

Malgré ces progrès véritables, il restait encore beaucoup à faire à la législation ; les posthumes externes autres que ceux dont la doctrine et la loi Velleia s'étaient occupées pour les assimiler aux *sui*, n'avaient pas cessé d'être atteints de la même incapacité primitive ; la règle n'avait pas fléchi même en faveur de ceux qui du moins étaient conçus à la date de l'institution : nul posthume externe ne pouvait être institué ni recevoir un legs. Un sénatusconsulte, au temps d'Adrien, leur avait enlevé jusqu'à la capacité de recevoir par fidéicommis (G. II, § 287), et nul adoucissement, avant Justinien, ne fut apporté à leur position que par le droit prétorien, qui leur donnait une possession de biens en vertu d'une institution nulle *jure civili* (Inst., liv. 3, tit. IX, *princip.*, rapproché du § 28, *de legatis*).

Mais une constitution de ce prince, rappelée au Instituts, *dé legatis*, § 26 et 27, leur donna une pleine et entière capacité. Néanmoins, l'enfant posthume d'un homme qui n'eût pas pu épouser la mère, ne peut être institué par son père (1); mais ce ne fut là qu'une incapacité toute relative, et l'on put, depuis Justinien, dire avec une scrupuleuse exactitude que le testateur peut valablement instituer *tam ignotos quam gnotos , tam incertos quam certos* (Donneau).

§ 2. — Des pérégrins.

I. Des pérégrins proprement dits. *Socii latini. Hostes. Barbarus.* — II. *Servi pœnæ.* Déportés. — III. *Dediticés* — IV. Des hérétiques et apostats. Ce que devient l'institution des incapables.

L'incapacité absolue des pérégrins de rien recevoir par le testament d'un citoyen, était une conséquence nécessaire de la constitution de la société romaine; il était impossible que Rome, jalouse de son droit civil, en refusant la

------

(1) C'est ainsi qu'il faut entendre le § 28, *fine, de legatis*, qui, avec un autre sens, serait inutile ou absurde. M. Ortolan, Explic. hist. des Inst., *hoc loc.*; Merlin, Rép. Inst. d'hér., sect. 5, § 1, n° 3.

participation aux nations qu'elle absorbait en son empire, admit un étranger à faire un testament dont elle s'engageât à respecter la loi, et permit, à l'inverse, que la richesse d'un de ses citoyens passât tout entière entre les mains d'un pérégrin, d'un ennemi, d'un barbare. Le citoyen romain peut faire de son esclave un citoyen, jusque-là va la confiance que les Douze Tables mettent en lui, lui donner dans la république une place, lui assigner un rôle politique qui lui avaient été refusés; mais il ne peut faire tomber cette barrière redoutable que Rome a élevée entre elle et tous les peuples, et qu'elle seule peut franchir et reculer pour ajouter à ses conquêtes de nouvelles et incessantes conquêtes.

D'ailleurs, était-il possible que la faction de testament fût accordée à un pérégrin? Sans nous reporter aux testaments *calatis comitiis*, pour lesquels la question serait ridicule, était-il possible que les règles du droit admissent le pérégrin à concourir à la confection d'un testament *per æs et libram?* Non sans doute; ce testament n'est autre qu'une mancipation, et pour figurer dans une mancipation, il faut avoir le *jus commercii* (1), et telle est la nécessité de cette con-

____

(1) Mais tous ceux qui pouvaient faire une mancipation n'avaient pas, par réciproque, la faction de testament; le

dition, que la femme *citoyenne* ne pouvant aliéner sans l'autorisation de son tuteur les choses
mancipi, ne peut, sans cette même autorisation,
faire son testament *per æs et libram ;* mais pouvant acquérir par mancipation, elle peut y figurer sans autorisation comme *emptor familiæ :*
cet exemple prouve avec quelle rigueur de logique les Romains avaient déduit et accepté
toutes les conséquences de ce principe, que le
commercium est nécessaire pour figurer dans
une mancipation : le pérégrin ne l'a pas, il doit
donc, toute considération politique mise de
côté, être exclu du nombre de ceux que le testateur peut choisir pour *emptor familiæ suæ ;*
quand la mancipation eut cessé d'être une des
formes essentielles du testament, il en fut encore exclu par sa seule qualité d'étranger ; elle
était plus qu'il n'en fallait pour le rendre incapable, et celui-là ne put jamais être institué qui
n'était pas compris dans l'*orbis romanus.*

De ce nombre sont, entre autres, les *socii Latini,* aux premiers siècles de Rome, qui ne
jouissaient, en général, que du *commercium* et
du droit civil dans les limites des concessions
qui leur en avaient été faites, et qui n'allaient

---

commercium était une condition essentielle de la faction de testament, mais la faction de testament n'était pas une conséquence naturelle du *commercium.*

pas jusqu'à la faction de testament (1) ; les *pe-regrini* proprement dits (c'est-à-dire les étran-gers qui se trouvent à Rome, dont la patrie subit la domination romaine, mais n'a pas le droit de cité) ; l'*hostis* (c'est-à-dire celui qui appartient à une nation encore libre du joug des Romains) ; le *barbarus,* dont la patrie « dépasse les « limites de la civilisation et de la géographie « romaine (2).

II. Cette incapacité pour le pérégrin d'être institué héritier, est une des clefs de voûte du système de la loi romaine sur les testaments ; par elle s'expliquent bon nombre de restrictions semblables que nous remarquons attachées comme peines accessoires à certaines condamnations. Ainsi, l'esclave de la peine ne peut pas être institué : est-ce parce qu'il a perdu la liberté? sans doute ; comme esclave il ne peut être institué, et il n' a pas de maître du chef duquel il puisse l'être (L. 3 ; Dig., *de his quæ pro non scrip. hab.*) ; mais c'est aussi parce qu'il a perdu la cité, à tel point que si une novelle vient à supprimer la servitude de la peine et à décider que les peines dont elle était la conséquence cesseront désormais de faire perdre la liberté à celui qu'elles frapperont (nov. XXII,

---

(1) M. Ortolan, Hist. de la lég. rom., 3ᵉ éd., p. 168.
(2) M. Ortolan, Hist. de la lég. rom., 3ᵉ éd., p. 169.

de nuptiis, chap. VIII), la radicale incapacité d'être institués n'en subsiste pas moins pour eux, car ils continuent de perdre la cité. Ces esclaves de la peine étaient des condamnés *in metallum, ad opus metalli, ad bestias, ad gladium* (pour combattre les bêtes ou d'autres condamnés) ; ils perdaient la cité et la liberté ; ils étaient sans cité ἀπολίδες (L. 17, *de pœnis,* 2, § 1, *id.*). Ils ne jouissaient d'aucun droit civil, mais seulement du droit naturel.

Les déportés eux aussi sont privés de la faction de testament comme l'étaient jadis ceux que frappait l'antique interdiction de l'eau et du feu. Pourquoi ce surcroît de peine? Inutile question à laquelle dix siècles déjà ont répondu quand un empereur la résout dans la loi 1 au Code, *de her. inst.*, c'est parce qu'ils sont pérégrins (1).

Enfin pourquoi l'institution du citoyen captif à l'ennemi, faite pendant sa captivité même et

___

(1) Les déportés ne furent jamais confondus avec les simplement relégués dans une île; ces derniers conservaient non seulement la liberté mais encore la cité; à part cette énorme différence, les deux peines de la déportation et de la relégation étaient matériellement de même nature, en sorte que le doute eût pu exister sur la question de savoir laquelle des deux avait été prononcée : la solution dépendait des paroles employées dans la sentence; mais il paraît vraisemblable que dans le doute, par exemple, si le mot *deportatus sit,* n'avait pas été prononcé, le doute s'interprétait en faveur du condamné.

valable exceptionnellement, était-elle pourtant inutile s'il mourait chez l'ennemi, si ce n'est parce que l'hérédité eût été acquise par lui à des *hostes*, à des *peregrini?* Pourquoi le transfuge est-il privé de la faction de testament si ce n'est parce qu'il est devenu *hostis?*

III. Les déditices ne furent pas plus heureux ; ils ne jouissaient en effet que du droit naturel, et leur position malheureuse et précaire ne pouvait s'accorder avec un droit dont l'exercice leur eût ouvert les portes de la cité, qui fatalement devaient leur rester à jamais fermées (Ulp., frag. XXII, § 2; Gaius, C. 3, §§ 74, 75, 76. C. 1, §§ 25, 26, 27).

Justinien supprima cette dernière incapacité; de son temps il n'est plus question de déditices, ni d'affranchis qui ne soient pas citoyens romains; de même, il faut le dire, l'incapacité des pérégrins en général avait perdu de son importance; l'usage des fidéicommis en avait restreint les effets; le titre de citoyen n'avait guère de sa splendeur passée conservé que le nom; s'étendant à tout l'Empire, ses anciennes prérogations s'étaient singulièrement dépouillées de leur éclat des premiers siècles.

IV. Mais l'ardeur d'un christianisme mal entendu, plus mal pratiqué, qui de persécuté s'était fait intolérant et tyrannique, créa de nouvelles catégories de citoyens absolument privés

dù droit de faire un testament ou d'être institués; ce sont les hérétiques, sinon tous, ceux
du moins qui appartiennent à un grand nombre
de sectes énumérées et proscrites par les constitutions; ce sont les apostats; les uns et les
autres sont séparés du reste des hommes, excom-
muniés du droit civil, comme de l'église qu'ils
ont abandonnée; rien ne peut leur être commun avec une société qu'ils ont outragée du
scandale de leurs crimes; pour eux, qu'il
ne soit pitié ni trève; nulle merci pour le
repentir même de celui qui, initié aux vérités
de l'évangile et purifié par les eaux du baptême,
s'est une fois volontairement retiré du sein de
Dieu pour se livrer aux souillures de l'athéisme,
du paganisme ou de l'hérésie (L. 3, *de apostatis*;
L. 4. *de hereticis et manich.*).

Le fils du condamné pour crime de lèse-majesté n'est pas plus humainement traité : il faut
que pour lui la vie soit un supplice, et que la
mort ne puisse être que sa seule consolation.

Je dois enfin mentionner, pour mémoire seulement, l'ancienne incapacité qui résultait de
leur infirmité pour le sourd et le muet; nous
savons déjà que l'un ne pouvait entendre les
paroles de la mancipation, l'autre prononcer
les paroles qui accompagnent l'achat du patrimoine..... Tout cela, fruit malheureux d'institutions qui ne péchaient que par la trop grande

place qu'elles accordaient à la forme extérieure, à la solennité des actes, avait disparu avec la nécessité pour le testateur de manciper son patrimoine, et pour l'héritier de l'acheter.

§ 8. — Il se pouvait que les incapables eussent été institués : quel serait le sort d'une semblable institution ?

Avant de donner une solution sur ce point, il est indispensable de parler d'une opinion émise, après plusieurs autres, par Donneau. Donneau pense que toutes ces incapacités ne concernaient que les institutions pures et simples et non les institutions conditionnelles, en sorte qu'un *peregrinus*, un déporté, etc., aurait pu être valablement institué, si une condition avait été mise à son institution, sauf sans doute à ne pas recueillir si son état n'a pas changé; mais son institution n'eût pas été nulle en elle-même et quels que soient les événements ultérieurs; Donneau base cette opinion sur la loi 62, *de hered. inst.*, au Digeste, ainsi conçue : « *In tempus capiendæ hereditatis institui here-* « *dem posse, benevolentiæ est, veluti : Lucius* « *Titius cum capere potuerit, heres esto; idem in* « *legato.* » Il en conclut qu'en manifestant sa volonté de se reporter seulement à l'époque de la délation de la succession, il rendait inutile, ou du moins non indispensable, la capacité chez l'institué au moment de l'institution elle-même (1).

Il est possible que telle soit la portée de la loi 62; néanmoins, s'il m'était permis de ne me pas ranger absolument à l'avis d'un aussi grand docteur, je dirais qu'elle me semble un peu étendue au-delà de ses termes mêmes; ce n'est que par bienveillance qu'il a été reçu qu'un héritier pourrait être institué pour le temps où devra être recueillie l'hérédité : je remarque que l'exemple cité par Modestin ne dit pas *institui potuerit*, mais *capere potuerit*, et semble ainsi se référer à une incapacité de recueillir plutôt qu'à une incapacité d'être institué; en sorte que le texte de Modestin pourrait être ainsi entendu : lorsqu'une personne est telle qu'elle ne pourrait pas *recueillir*, on pourrait, à la rigueur, la déclarer par là même irrévocablement privée de l'hérédité; mais, par bienveillance, on permet au testateur de prévoir qu'au moment où il mourra, l'incapacité de recueillir subsistera encore, et de reculer, pour ce cas, l'époque du *dies cedit* de son hérédité jusqu'au moment où elle aura cessé, et sa volonté sera respectée, bien que contraire à la rigueur des principes, et c'est en cela que con-

---

(1) *De jure civili*, l. 0, t. 17, n° 80.

siste la bienveillance. Ce qui me confirme dans cette conjecture est que partout les textes sont on ne saurait plus formels pour exiger chez l'héritier la capacité aux deux époques : celle de la confection du testament et celle du *dies cedit ;* et ce n'est pas assez d'un texte au moins peu explicite pour renverser un système aussi positivement formulé par la lettre et aussi conforme à l'esprit général du droit romain. Donneau tire encore argument de la loi 4, *de reg. Caton.,* Dig., d'après laquelle la règle Catonienne *non pertinet ad hereditates conditionales......* C'est pourquoi il n'est pas nécessaire, lorsqu'elle est conditionnelle, que l'institution puisse, pour être valable, produire son effet si le testateur mourait immédiatement, ni que par suite l'héritier ait capacité au moment où le testament le désigne comme tel.... Cet argument serait concluant si la loi 4, *de reg. Cat.,* avait le sens que Donneau lui attribue; mais elle s'explique par la loi 3 . qui la précède; une règle semblable à la Catonienne, mais qui n'est pas elle, existait pour les hérédités (1), et la règle Catonienne leur est restée complétement étrangère (L. 3, *de reg. Cat.*), ainsi qu'aux legs

---

(1) Elle tenait aux anciennes règles sur les testaments. Il fallait bien que l'*emptor* fût capable de figurer dans la mancipation qui formait le testament, *per æs et libram.*

dont le *dies cedit* ne devait pas avoir lieu au décès du testateur ; par suite, elle ne concerne pas les hérédités conditionnelles , c'est-à-dire les legs qui grèvent les hérédités conditionnelles, parce que le *dies cedit* n'en a pas lieu à la mort du testateur ; mais elle ne concerne pas non plus les hérédités pures et simples, pour lesquelles Donneau reconnaît que la règle de la capacité, aux deux époques, existe sans tempérament ; la loi 4, *de reg. Cat.*, ne peut pas s'expliquer autrement, car, du moment que la règle Catonienne ne concerne pas les hérédités en général (L. 3), il serait bien superflu de dire qu'elle ne concerne pas les hérédités conditionnelles. Pour répondre enfin à l'argument plus spécieux fourni par la loi 82, *de adq. vel omit. hered.*, je ferai remarquer que cette loi, tirée d'un commentaire sur les lois caducaires, n'entend évidemment parler que d'une incapacité de recueillir chez le maître de l'esclave institué (*capere* et non *institui*), et que d'ailleurs elle ne distingue en aucune sorte entre le cas où l'institution de l'esclave est pure et simple , du cas où elle est conditionnelle. Vainement verrait-on une condition sous-entendue déduite de la volonté du testateur ; nous verrons que les conditions ne se suppléent pas dans les institutions (L. 0, *de her. inst.*) ; la solution que Donneau voit dans la loi 82 s'appliquerait donc à l'institution pure et simple ; lui-même rejette cette décision : l'argument ne prouve donc rien, car il prouverait trop.

Ce n'est, on le conçoit, qu'avec une extrême timidité et une grande défiance que je donne cette interprétation de la loi 62 *de her. inst.*, au Dig. Néanmoins, comme elle laisse entières les règles sur l'époque à laquelle doit exister la capacité de l'héritier, règles que le système de Donneau tend à détruire, je crois qu'elle n'est pas absolument dénuée de fondement (1).

Quoi qu'il en soit, et pour écarter toute équivoque, en supposant pure et simple l'institution d'un incapable, quel sera son sort (2)?

En général elle est considérée comme non avenue, et l'hérédité est attribuée à ceux auxquels les incapables eussent fait obstacle si l'institution eût été valable, aux autres institués, aux héritiers ab intestat, quelquefois au fisc. Relativement à certaines incapacités, les textes s'en expliquent (L. 3, *de his quæ pro non script.*; L. 28, § 3, *de adq. vel omit. her.*). L'institution est comme non écrite, et l'hérédité

____

(1) Cette opinion a d'ailleurs été soutenue dans la *Themis* (1, 137), par un jurisconsulte dans la science et l'autorité me permettent de n'être pas de l'avis de Donneau et de Cujas.

(2) Cette question peut être posée à propos de nullité d'institution autres que celles dont il vient d'être question, et la solution en est générale : dans le chapitre suivant, l'on pourra s'y reporter.

n'est pas confisquée ; la même solution peut et doit être donnée pour les autres ; une seule semble faire difficulté : c'est la nullité qui frappe l'institution des déportés ; des textes en apparence contradictoires méritent d'être expliqués.

Si un déporté a été institué, l'hérédité est dans la même situation que s'il n'avait pas été institué (L. 1, Cod., *de her. inst.*) : s'il n'eût pas été institué, l'hérédité eût appartenu aux autres institués ou aux héritiers légitimes ; le fisc ne vient qu'après tous. L'on pourrait cependant induire de quelques textes que je citerai bientôt, que le fisc s'emparait des biens laissés aux déportés. Cette prétention du fisc devrait, *a priori*, être repoussée par deux motifs : le premier, c'est que le fisc n'a droit qu'aux biens vacants (L. 1, pr., et § 6, *de succes. edicto*; L. 70. *de adq. vel omit. her.*); les choses devant se passer comme si le déporté n'avait pas été institué, le fisc ne devra être appelé qu'à défaut d'autres institués, de substitués ou d'héritiers légitimes, suivant les règles ordinaires ; le second, c'est que pour être attribué au fisc, il faudrait que l'hérédité fût enlevée au déporté comme à un indigne ; or, on ne peut la lui enlever, puisqu'il ne l'a jamais eue ; nul ne peut être déclaré indigne d'une succession qui ne lui est pas dévolue, cela tombe sous le sens.

Ces observations suffiraient pour écarter le

fisc, si un texte ne semblait l'appeler au contraire à l'hérédité dont cet incapable est exclu; c'est la loi 12, Dig., *de his quæ ut ind. auf.* Il faudrait conclure de ce texte que, de quelque nature que soit la nullité de l'institution, l'hérédité serait attribuée au fisc, à la charge par lui d'en acquitter les charges et legs; la généralité de ce texte condamne la décision qu'on lui attribue; non, le fisc ne prend pas toutes les hérédités dont sont exclus les incapables ; il ne la prend que dans les cas auxquels cette loi 12 fait allusion : elle ne suppose pas que le testateur a institué ceux *qui institui non poterant*, mais ceux *quos instituere non poterat*, ce qui est bien différent, et ce qui prouve qu'il s'agit ici de ces incapacités toutes relatives, non d'être institués, mais *de recueillir*, qui plutôt avaient pour effet de faire enlever à l'héritier l'hérédité *qu'il avait recueillie*, la loi 12, le titre auquel elle appartient le dit assez, se place en présence d'un héritier indigne (L. 13, 14, *eod. tit.*), et d'un homme incapable d'être héritier; or, la théorie de l'indignité, dont je n'ai garde de m'occuper, ne se confond en aucune sorte avec celle de l'incapacité (1).

______

(1) Il est impossible que l'hérédité enlevée à un indigne soit attribuée à un autre qu'au fisc, car la succession légitime est désormais fermée puisque la testamentaire a été dévolue; et s'il y a un substitué, il ne saurait être admis car la condition de son institution a défailli.

Ce premier obstacle surmonté, il en reste un autre plus spécieux qui contrarie en apparence la règle qui exclut le fisc, en dehors des principes ordinaires, des hérédités que les incapables et notamment les déportés ne peuvent recueillir; c'est la loi 7, *de legatis*, 3°, aux termes de laquelle un fidéicommis laissé à l'esclave d'un déporté est attribué au fisc, à moins que du vivant du testateur l'esclave n'ait été affranchi, auquel cas il le recueille pour lui-même, ou que le déporté n'ait été réintégré dans ses droits; il profite alors pour son compte de la disposition dont son esclave a été l'objet. L'argument est spécieux; *a fortiori*, dit-on, si le fidéicommis et par suite l'hérédité est laissée au déporté lui-même, le fisc s'en emparera-t-il au nom de la loi 7, *de legatis*, 3°?.... Il est spécieux, mais il n'est pas solide, et ne résiste pas à un examen attentif.

Le déporté était dans une situation juridique exceptionnelle, jouissant du droit naturel, mais non du droit civil, pouvant avoir des esclaves, pouvant même les affranchir, pouvant acquérir des biens, mais n'ayant sur eux qu'une propriété intérimaire qui lui permet de se comporter en maître à leur égard, mais qui à sa mort fait retour au fisc par confiscation (L. **2**, *de bonis proscriptorum*, Code); l'esclave qu'il possède appartient donc, comme tous ses autres biens, *jure civili*, à César ; et voilà pourquoi l'institution de cet esclave n'est pas tenue pour non écrite : c'est qu'il est l'esclave du fisc, qu'il peut être institué du chef de César, et qu'incapable d'acquérir l'hérédité ou déporté, il peut l'acquérir à César, c'est-à-dire au fisc ; les lois 3, *de his quæ*, *pro non script. hab.*, et 17, *de pœnis*, fournissent *a contrario* un argument décisif : l'institution de l'esclave de la peine est non écrite et ne profite pas au fisc, parce qu'il est esclave de sa peine et non pas de César ; donc, s'il était l'esclave de César, les biens iraient au fisc : eh bien, l'esclave du déporté est *jure stricto* esclave de César (l. 2, *eod.*, *de pœnis*) : le fisc acquerra par lui ce que le droit naturel ne permet pas au déporté d'acquérir, le bénéfice de l'institution ; seulement, la propriété intérimaire du déporté sur l'esclave est assez étendue pour comporter le droit, disons mieux, la permission de les affranchir ; cet affranchissement produit ses effets ordinaires. L'esclave acquerra désormais pour lui-même ce que, d'après le droit naturel, il acquerrait au déporté, et ce qu'il acquerrait au fisc en vertu de la propriété que César avait sur lui et qu'il a abandonnée en permettant au déporté de l'affranchir ; de là la fin du *principium* de la loi 7, *de leg.*, 3°.

Tenons donc pour certain que toutes les fois que le testateur a institué une personne incapable de l'être (sauf le cas d'indignité où l'héritier recueille effectivement, mais est dépouillé), l'institution est tenue pour non écrite, et que, le fisc étant mis à l'écart, il ne vient à l'hérédité qu'à défaut d'autres personnes auxquelles l'institution de l'incapable faisait obstacle, et entre lesquelles on suivra l'ordre dicté par la loi 71, *de adq. vel omit. hereditate.*

SECTION II.

Des incapacités relatives.

§ 1er. — Des femmes.

Dès les temps les plus reculés de l'histoire romaine on ne voit pas que les femmes aient été l'objet d'une incapacité particulière d'être instituées; il faut arriver jusqu'à Caton, avant de rencontrer des mesures législatives restrictives à leur égard; cet homme au caractère et au langage rudes et austères crut voir dans le luxe des femmes et l'influence qu'il leur donnait dans la république le symptôme de la ruine des vieilles institutions qui lui étaient si chères; « et comme l'émancipation des femmes

« faisait des progrès par les mœurs, il voulut
« les asservir par les lois » (1).

L'arme dont il se servit contre elles fut la
célèbre loi Voconia, qui, sous deux rapports,
restreignit leur capacité en matière de succession légitime et en matière de succession
testamentaire; dans les successions légitimes,
les femmes furent écartées de l'hérédité ab intestat de tous les parents au delà du degré de
consanguin; cela fut décidé, non par la loi des
Douze Tables, qui ne faisait aucune différence des sexes, mais par la loi Voconia, *Vo-
coniana ratione*, dit Paul (sent. 4, tit. 8, § 22);
ce qui prouve au moins que si cette disposition restrictive ne se trouvait pas expressément comprise dans celles de la loi Voconia, elle
en fut déduite comme une conséquence naturelle.

La loi Voconia est plus remarquable quand
elle s'occupe de frapper les femmes de l'incapacité d'être instituées héritières par les citoyens, fussent-ils leur père, inscrits pour
100,000 as, et au delà, sur les tables du cens,
c'est-à-dire par tous ceux qui formaient la première classe (C. Gaïus 2, § 274), et afin qu'une
femme ne pût pas recevoir sous forme de legs
ce que Caton leur refusait sous la forme d'ins-

---

(1) M. Troplong, donations, testaments, préface, t. 1, p. LXX.

titution, la loi Voconia décida, en outre, qu'un legs ne pourrait jamais être plus considérable que la part laissée à l'héritier (1) ; en sorte qu'il fût impossible à un citoyen de la première classe de laisser à une femme un legs qui excédât la moitié de son patrimoine.

Une loi contre laquelle s'élevaient à l'envi la nature droite et les besoins de l'affection paternelle, contre laquelle Cicéron donnait cours au flot de son éloquence, dont il flétrissait l'iniquité, dont il démontrait l'inconséquence (République, 3, 7), ne fut pas longtemps sans recevoir quelque tempérament ; des citoyens ayant plus de 100,000 as pouvaient, par une négligence punie légalement, mais tolérée en fait, n'être pas inscrits sur les registres du cens ; d'un autre côté, entre deux recensements, la fortune de beaucoup avait pu s'élever au-dessus du taux de la loi Voconia ; dans ces deux cas, on le conçoit, les rigueurs de Caton se trouvaient sans action ; d'un autre côté l'usage des fidéicommis, accueillis avec tant de faveur sous le patronage d'Auguste, la force obligatoire qui y fut attachée, furent contre la loi Voconia une arme puissante ; en partie détruite

---

(1) Ce qui n'empêchait pas le testateur de distribuer en legs tout son patrimoine, pourvu que les legs soient assez nombreux pour qu'aucun d'eux ne dépasse la valeur de la part laissée à l'héritier.

par ses propres inconséquences et par les soins d'une jurisprudence que les préteurs s'efforçaient de rendre de plus en plus humaine et conforme à l'équité, dût le droit civil perdre le terrain que gagnait la justice, la loi Voconia était encore battue en brèche par l'ingénieux système de lois décimaires dont les dispositions de détails, curieuses et intéressantes, nous sont révélées par les Fragments d'Ulpien (tit. 15, 16). Pour la femme qui peut, à raison du fait seul de son mariage, ou du nombre de ses enfants, recevoir par testament, un, deux, neuf dixièmes du patrimoine de son mari, ce patrimoine tout entier, qu'est devenue l'incapacité dont la frappait la loi Voconia ? Un nom, un fantôme, et elle n'est que cela quand Gaïus en parle ; l'intérêt des traditions de l'antique Rome a disparu devant la justice, effacé par la nature révoltée, dominé par la nécessité de raviver la population légitime dans l'empire des Césars.

§ 2. — Des enfants naturels.

A la classe des incapacités relatives se rattachent celle des enfants naturels, dont je parlerai dans la section suivante, et celle de l'esclave accusé d'adultère avec sa maîtresse. Tant que le procès n'est pas vidé, elle ne peut l'avoir pour héritier. Ailleurs, nous verrons de quel principe cette incapacité était la conséquence ; ici, qu'il suffise de la mentionner. N'oublions pas, enfin, de rappeler que les enfants incestueux et leurs parents sont respectivement incapables de s'instituer, et qu'en outre ces derniers sont singulièrement gênés dans la liberté de leur testament, même à l'égard de personnes autres que celles qui sont le fruit de leur crime (Cod., *de incestis*, L. 6).

SECTION III.

Des incapacités relatives et partielles. — De l'orbus. — Des enfants naturels. — Du second conjoint.

L'incapacité de l'homme marié sans enfants est une incapacité de recueillir et non une incapacité d'être valablement institués. Il conviendra d'en parler en même temps que des célibataires.

Les enfants naturels (1) se présentent, dans

---

(1) Par naturels j'entends ceux issus d'un concubinat, car le *vulgo conceptus* n'ayant pas de père, il me semble que par une conséquence bizarre, mais nécessaire de leur position, il ne peut être pour eux question d'une incapacité relative d'être institué par leur père.

le droit romain, frappés d'une incapacité relative d'être institués par leur père. Cette incapacité semble avoir varié avec la qualité des personnes (Cod., L. 1, *de natur. lib.*). En général, elle n'est que partielle ; son étendue dépend de la qualité des parents avec lesquels l'enfant naturel est en concours ; et elle atteint la concubine mère des enfants naturels (Arcad. et Hon., Cod., L. 2, *de natur. lib.*). Son institution eût été nulle pour tout ce dont elle excédait ce que la loi leur permettait de recevoir (mêmes textes). Leur incapacité comprend les onze douzièmes de l'hérédité si le testateur a des enfants légitimes, et avant la novelle 89 s'il a sa mère (1). Des motifs tout politiques avaient cependant fait fléchir ces règles dans un intérêt général. L'enfant naturel offert à la curie put recevoir tout le patrimoine de son père par testament ; il ne put même y renoncer pour se soustraire aux charges de la curie (L. 3, 4, Cod., *de natur. lib.*, Léon et Anth.). La même faveur, si à ce prix faveur il y a, fut accordée à la fille naturelle mariée à un curial (même loi 3). La novelle 89, ch. 12 et 15, accorde cette

---

(1) En concours avec d'autres parents, les enfants naturels pouvaient recevoir 3 onces au lieu d'une ; Justinien élève leur capacité jusqu'à 6 onces (à eux tous s'ils sont plusieurs) (L. 8, Cod., *eod. tit.*).

pleine capacité à tous les enfants naturels, si le testateur n'a ni postérité légitime ni ascendant ayant droit à une légitime. S'il n'a que des ascendants réservataires, les enfants naturels pourront être institués pour le tout encore, déduction d'abord faite de la légitime des ascendants (nov. 89, ch. 12, 15). Cette novelle leur accorde même, dans certaines circonstances, des droits de succession ab intestat, privilége jusque-là réservé à celui que le père avait offert à la curie (L. 4., *de nat. lib.*).

Le second conjoint, en présence d'enfants d'un lit précédent, fut aussi l'objet de quelques précautions imposées à la loi par l'intérêt de ces enfants, et son droit de recevoir par disposition entre vifs ou testamentaire fut limité par les empereurs Léon et Anthenius (L. 6, Cod., *de secundis nuptiis*) d'une manière à peu près analogue à ce que décide l'art. 1098 de notre Code Napoléon.

SECTION IV.

Des principales incapacités de recueillir,

Il me reste enfin, pour avoir parcouru dans

cet aperçu sommaire les cas les plus saillants d'incapacités, à parler de certaines classes d'individus qui pouvaient régulièrement être institués, mais dont l'institution ne pouvait être efficace qu'à certaines conditions qui devaient, dans l'avenir, se réaliser en leur personne. A la rigueur, il n'entrerait pas dans le plan de cette thèse de leur y donner place ; je crois cependant indispensable d'en dire au moins quelques mots.

§ 1er. — Des Latins Juniens.

L'on sait quelles personnes étaient désignées sous le nom de Latins Juniens : c'étaient les esclaves qui, affranchis autrement que par un mode solennel, ou en dehors des règles de la loi Ælia Sentia, ne réunissaient pas les conditions qu'elle exigeait dans sa personne, ou dont le maître lui-même n'était pas tel que le voulait la loi pour lui permettre de faire d'un esclave un *civis romanus* (Ulp. Fr., tit. 1....); depuis la loi Sentia ces demi-affranchis ne jouissaient que d'une liberté précaire à peine protégée pendant leur vie par le préteur, et qu'ils perdaient avec elle (*libertate morabantur*). La loi Junia vint améliorer leur position en en faisant des Latins ; à ce titre ils jouirent en général du droit privé ; et toujours on leur accorda la faction de testament, c'est-à-dire la faculté d'être institués (Ulp. xxii, § 3 ; *id.* xi, § 16) ; mais comme Latins-Juniens ils ne pouvaient *recueillir* l'hérédité à laquelle les appelait un testament, ils pouvaient seulement recueillir un fidéicommis (Ulp., xxv, § 7), mais non un legs ou une hérédité directs ; mais un grand nombre de moyens leur étaient ménagés pour arriver à la cité (Ulp. Frag., tit. iii ; Gaius, c. 1, § 18 et suiv.). S'ils en avaient usé et étaient devenus citoyens romains avant la mort du testateur ou avant l'adition (le délai accordé était cent jours après le décès), ils pouvaient recueillir l'hérédité (Ulp., xxii, § 5).

§ 2. — Des *cœlibes* et des *orbi*.

Auguste voulut rendre au mariage abandonné toute la dignité qu'il doit avoir, tous les honneurs dont il doit être entouré. Dans ce but il rendit deux lois connues sous le nom de lois caducaires ; l'ensemble de leurs dispositions, sur lesquelles j'aurai plus tard à revenir, peut se résumer en ces trois idées : punir le célibat, encourager le mariage, récompenser la fécondité.

Le *cœlebs* et l'*orbus* peuvent être l'un et l'autre institués, mais l'un ne peut rien recueillir de l'hérédité, l'autre n'en peut recueillir que la moitié, si du moment de l'adition (ou dans les cent jours du décès du testateur) l'un est encore célibataire et l'autre encore stérile, à moins que leur âge ne soit tel que la loi ne puisse leur faire aucun reproche de leur célibat ou de leur stérilité (Ulp. xvi, § 1) (1).

Le deux lois célèbres qui organisèrent ces déchéances sont la loi Julia, *de maritandis* (de Rome, an 787), et Papia Poppæa (762) que l'on confondit sous le nom de Lex Julia et Papia, ou, *leges*. Dans un autre titre je dirai quelles furent de ces lois les dispositions les plus remarquables relativement aux institutions, ou plutôt à la dévolution des hérédités, car pour finir par une observation qui déjà a été faite, elles n'affectent pas directement l'institution ; elles la laissent valable *ab initio ;* elles ne portent pas atteinte au *jus instituendi,* mais seulement au *jus capiendi* (Ulp., xxii, 3).

CHAPITRE II.

DES PERSONNES CAPABLES.

Après avoir dit quelles personnes ne peuvent

---

(1) Hist. de la lég. rom., v° M. Ortolan, 8ᵉ éd.; p. 280. Les *orbi* étaient encore plus sévèrement traités d'une manière relative : un mari et une femme *orbi* ne pouvaient mutuellement s'instituer utilement que pour 1,10ᵉ (Ulp. xv); cela résulte de la théorie des dixièmes, qui suppose une incapacité non partielle mais totale (L. 6, Code, *de her. inst.,* y fait allusion).

pas être instituées, il semble superflu de se poser la question : quelles sont capables? à laquelle il doit être si facile de répondre *a contrario*. Sans doute, s'il ne s'agit que de les désigner, la tâche est courte; mais s'il s'agit de dire à quelles conditions, suivant quelles règles elles peuvent l'être, le plus difficile n'est point fait encore, et le droit romain, sur ce point, nous réserve bien des obscurités à éclaircir, bien des doutes à lever; c'est à ce but que, sans trop d'espoir d'y arriver, doit tendre ce chapitre.

Nous pouvons instituer les citoyens romains qui ne sont atteints par aucune des incapacités dont il a été question plus haut; nous pouvons instituer les esclaves, les nôtres, ceux d'autrui, ceux sur lesquels nous n'avons qu'un droit de copropriété, d'usufruit, etc.; nous pouvons instituer tous ceux avec lesquels nous avons faction de testament (16, *qui test. fac. pos.*); tels sont les fils de famille, le prodigue, l'imbécile, le furieux, le sourd, le muet, tous ceux qui, jadis incapables, ont cessé de l'être, et dont il serait hors de propos de reparler encore. De toutes les personnes, un petit nombre seulement doivent être l'objet de quelque étude, parce que seules elles présentent des particularités dignes de remarque : ce sont les esclaves, desquels se rapprochent leurs analogues les fils de famille;

l'homme libre possédé de bonne foi comme esclave, et le citoyen captif à l'ennemi. Quant aux personnes qui d'abord incapables s'étaient vu rendre la faction de testament, il n'en sera plus même fait mention.

DE L'INSTITUTION DES ESCLAVES.

SECTION Ire.

Des esclaves propres du testateur.

La règle générale en cette matière est formulée dans le § .7 des Frag. d'Ulp., tit. XXII, dont la traduction ne saurait être aussi explicite que le texte : « Servos heredes instituere possumus « nostros cum libertate, alienos sine libertate, « communes cum libertate vel sine libertate. » Ainsi nous pouvons instituer nos esclaves, mais ce n'est qu'en leur donnant leur liberté par le même testament, de manière qu'ils puissent tenir l'hérédité et la liberté du même acte (1). Cette règle est sans exception. Toute institution de l'esclave du testateur est nulle *ab initio*, si la liberté ne lui est en même temps

____

(1) Ce qui n'empêche pas qu'il puisse devenir notre héritier sans être libre, comme nous le verrons plus tard, ou en étant libre autrement que par testament.

donnée par le même testament. Les jurisconsultes épuisent, sans en rejeter aucune, toutes les conséquences de ce principe; ainsi ils annulent sans scrupule l'institution qu'un maître fait de son esclave *pour le temps où il sera libre,* parce que la raison même exige que celui qui peut donner à un homme la liberté en l'instituant, la lui donne immédiatement, à terme, ou sous une condition, mais ne puisse pas l'instituer, attendant qu'il reçoive la liberté d'un autre que de lui (LL. 21, 22, *de condit. instit.*). Toutes les fois qu'une loi ou une constitution feront obstacle à ce que le maître puisse affranchir un esclave, par là même cet esclave cessera de pouvoir être institué : de là la loi 48, § 2, *de hered. inst.,* Dig., texte on ne peut plus formel; enfin, pour valider une institution faite en ces termes : *Que Stichus, mon esclave, soit libre, et après qu'il sera libre qu'il soit héritier;* Labéon, Neratius et Ulpien sont forcés de supposer non écrits les mots *après qu'il sera libre.* D'autres n'osaient pas aller aussi loin (L. 9, § 14, même tit.), tant il est vrai qu'il doit être possible que l'esclave reçoive au même instant et la liberté et l'hérédité.... Cette règle n'est aussi inflexible que parce qu'elle est absolument nécessaire ; sans elle la validité de l'institution de l'esclave du testateur est impossible. On ne peut en effet instituer que ceux avec lesquels on a faction de testament ; avec l'esclave, en tant qu'esclave, elle n'existe pas : elle n'existe avec lui que comme futur citoyen romain : *en lui on institue un citoyen.* Or, si le testament ne lui donnait sa liberté, il ne serait pas citoyen ; le testament tomberait donc nécessairement ; voilà pourquoi la possibilité d'instituer les esclaves n'est pas une exception à la règle qui ne permet d'instituer que le citoyen romain. Instituons-nous notre esclave, nous l'instituons comme citoyen (1); est-il esclave d'autrui, nous instituons en lui son maître, ou lui-même, *s'il est devenu citoyen.*

Si la règle du § 7 d'Ulpien est absolue, elle est la seule essentielle en notre matière, et toutes les fois que nous conférerons la liberté à notre esclave, nous pourrons valablement l'instituer.

Mais il n'était pas toujours permis d'affranchir un esclave, et par suite de l'instituer.

Ainsi, une maîtresse accusée d'adultère avec son esclave ne pouvait pas l'affranchir, d'abord par un motif de convenance facile à s'expliquer, et ensuite parce que, une fois affranchi, il eût pu être soumis à la torture comme ac-

---

(1) Aussi ne pourrions-nous pas l'instituer même avec la liberté, si nous l'avions seulement *in bonis*, car nous n'en ferions pas un citoyen (Ulp. XXII, § 8).

cusé, mais non comme témoin (L. 48, § 2, *de her.
inst.*, D.). Dès lors, impossibilité radicale pour
elle d'en faire son héritier ; et l'esclave affranchi et institué par son testament ne serait ni libre
ni héritier, alors même qu'il viendrait à être
absous, si la maîtresse était morte avant que la
sentence fût rendue, parce qu'au moment où
le *dies cedit* de la liberté et de l'hérédité aurait eu lieu, il était incapable de profiter de
l'une et par conséquent de l'autre.

De même, je ne puis donner valablement la
liberté à l'esclave d'autrui ; si donc je la lui
donne en l'instituant, et qu'ensuite je devienne
son maître, l'institution cesse d'être valable
parce que la liberté n'a pas été valablement
donnée dans le testament (L. 49, *de her. inst.*).

Ce n'est pas assez que le testateur donne à
son esclave la liberté, il faut qu'il la lui donne
telle qu'elle fera de lui un citoyen romain ;
ainsi, l'affranchissement qui fait de l'esclave un
déditice, celui qui ne lui donne qu'une liberté
de fait que la loi *Junia norbana* a transformée
en latinité, ne peut suffire pour rendre valable
l'institution de l'esclave ainsi affranchi ; tous
ceux dont s'est occupée la loi *Ælia Sentia* sont
donc exceptés de la règle générale, et ne sont
pas valablement institués par leur maître.
Entre autres dispositions remarquables, la loi
Ælia Sentia défendit qu'un esclave pût être af-

franchi en fraude des créanciers du maître,
c'est-à-dire quand le maître augmentait ainsi
ou créait sciemment son insolvabilité (*consilium
et eventus; de reg. jur.*, 79). L'édit du préteur,
qui, dès cette époque, rescindait les actes faits
en fraude des créanciers, avait dû cependant
respecter les libertés : il s'était heurté à un
obstacle qu'il ne put tourner et qu'il ne pouvait franchir, parce qu'il était un principe certain du droit civil ; la liberté, une fois acquise,
ne peut pas être retirée ; elle ne peut se perdre
que par une des causes légales (Inst., liv. 3, 11,
§ 8). Dès lors, il fallut une loi pour mettre les
créanciers à l'abri des affranchissements frauduleux ; cette loi fut la loi Ælia Sentia, qui se
place à la même époque que les lois Julia et
Papia. Par respect pour les anciens principes,
elle ne rescinda pas les libertés frauduleuses :
elle les déclara nulles *ab initio*, non acquises :
*manumissor nihil agit; lex impedit libertatem,
libertas non competit, ad libertatem non ve-
niunt*, ainsi s'expriment les textes des Instituts
ou du Digeste. Ces prohibitions pourtant ne
vont pas au delà de leur but ; si donc les créanciers sont déboutés de l'action qu'ils intentent
en nullité de l'affranchissement, si un tiers solvable s'engage à les désintéresser, ou même si
la fraude s'est exercée contre le fisc, et s'il a laissé
s'écouler dix années sans réclamation, la liberté

est maintenue (Inst., III, XI, 6; Dig., 40, IX, L. 16, § 3). Le maître enfin ne peut non plus, sous le prétexte de sa propre fraude, faire annuler l'affranchissement; mais dans tous les cas où l'affranchissement est rescindé par une fiction de la loi, il est nul, n'a jamais eu lieu. Dans tous ces cas aussi, l'on a déjà compris que l'institution de l'esclave replacé en servitude tombe d'elle-même, n'étant plus soutenue par la liberté de l'institué.

Néanmoins, la loi Ælia Sentia faisait une exception à la règle; le testateur insolvable peut affranchir un esclave, dût-il augmenter son insolvabilité s'il l'institue en même temps, évitant ainsi la honte de mourir intestat (qui eût accepté son hérédité?), et sauvant à sa mémoire une vente aux enchères (*emptio bonorum*) de son patrimoine. Sur l'esclave, héritier nécessaire, en retomberont toute la charge et la déconsidération; cet esclave acquerra donc la liberté (1).

Mais, dès le but atteint, les faveurs de la loi finissent: elles ont pour limites l'intérêt qui les a fait introduire, et souffrent elles-mêmes deux restrictions: 1° le testateur ne peut ins-

---

(1) Le § 14, tit. 1, des frag. d'Ulp., prouvent que la même exception était faite à toutes les autres prohibitions de la loi Sentia; ainsi, un esclave ayant moins de trente ans, sera institué valablement par son maître insolvable, libre et citoyen, si d'après le testament nul autre héritier n'existe.

tituer ainsi qu'un seul esclave : s'il en institue plusieurs, le premier d'entre eux est seul libre et héritier; les autres restent dans le droit commun de la loi Ælia Sentia ; en sorte que si un testateur insolvable instituait deux de ses esclaves portant le même nom, et qu'on ne sache pas, par conséquent, lequel a été institué le premier, il mourrait intestat, si les deux esclaves vivent encore à l'époque du *dies cedit*, c'est-à-dire avant l'ouverture du testament, depuis les lois caducaires. Si l'un des deux survit, l'on peut soutenir qu'il sera seul héritier (L. 60, *de hered. inst.*; pour la sec. hyp., L. 42, id.). L'on déciderait de même que si un testateur insolvable institue un étranger et laisse à plusieurs esclaves la liberté et prie l'héritier de leur restituer les biens, et si l'institué se refuse à faire adition, il y sera forcé et restituera l'hérédité, comme fidéicommis, à celui des esclaves qui est affranchi, et désigné le premier ; cette extension de la loi Ælia Sentia au fidéicommis est due à un sénatusconsulte rendu sous Adrien (L. 83, § 1, *de her. inst.*).

2° L'institution de l'esclave du testateur insolvable n'est valable qu'autant que cette validité est le seul moyen de ne pas laisser le défunt intestat : aussi, dès qu'un autre héritier pourra exister en vertu du testament, par exemple, un coinstitué, un substitué qui accepte l'hérédité, l'esclave est mis à l'écart ; sa liberté n'est plus nécessaire, il continue à grossir le patrimoine qui assure en partie le droit des créanciers (L. 57, *de her. instit.*). Il ne faudrait pas cependant exagérer la portée de la loi 60, *de her. inst.*, et décider, par exemple, que le testateur ayant institué au premier rang son esclave Stichus, et au second son esclave Pamphile à qui il devait la liberté fidéicommissaire (1), Stichus seul serait héritier, comme étant institué au premier rang, la loi Sentia ne permettant d'instituer et d'affranchir qu'un seul esclave en fraude de ses créanciers : il devait la liberté à Pamphile (à bien dire, et en dépit du droit strict), il ne la lui a pas donnée, tous deux seront donc admis à l'hérédité.

De même, si un testateur insolvable n'institue un héritier étranger que sous la condition que tel de ses esclaves soit libre et héritier, il faut bien admettre cet esclave à la liberté et à l'hérédité, pour permettre au premier d'y arriver : or une fois libre et héritier, l'esclave ne pourra plus cesser de l'être (L. 88, *de her. inst.*). C'était là un moyen assez facile d'éluder la règle de la loi 88, d'après laquelle un esclave de l'insol-

---

(1) Le testateur insolvable avait été chargé par fidéicommis d'affranchir Pamphile, car la liberté pourrait être laissée à l'esclave d'autrui par fidéicommis (G. 11, 272).

vable ne pouvait être libre qu'autant que nul autre héritier n'existerait d'après le même testament.

« L'on voit que la loi Ælia Sentia, elle aussi, fait marcher de front la liberté et l'institution, l'une étant la condition *sine quâ non* de l'autre; l'une et l'autre doivent être acquises ensemble : si le testateur a affranchi son esclave et l'a institué, *si liber erit*, l'institution ne sera valable qu'en supprimant les trois mots (L. 81, *h. tit.*). Marc-Aurèle avait pensé qu'il valait mieux s'en tenir à la volonté du testateur qui, en définitive, avait conféré et la liberté et l'hérédité, que de s'arrêter à l'ordre des mots qui dans son esprit n'a pas eu d'importance. C'est ce que déjà nous a appris le § 14 de la loi 9 (*adde.*; L. 21, pr.).

« Mais s'il fallait que la liberté et l'hérédité fussent conférées par le même testament et de manière à être acquises au même instant, il n'était pas nécessaire que l'une et l'autre fussent données purement et simplement; seulement la condition mise à l'une tenait aussi l'autre en suspens; mais entre le cas où la condition sera mise à la liberté et celui où elle sera mise à l'hérédité, il y aura cette différence que si elle vient à défaillir, dans le premier cas, l'esclave n'est ni libre ni héritier, et dans le second, il n'est pas héritier, mais il est libre (L. 3, § 1; L. 21, § 1, L. 22, *hoo. tit.*)

Justinien modifia la décision de la loi 3, § 1) par la constitution finale au Code, *de neces, serv. her. inst.* « La loi 3 est maintenue si la condition est potestative de la part de l'esclave; si elle est casuelle et qu'elle ne se réalise pas, on distinguera : par humanité, l'esclave sera libre en tous cas; mais l'hérédité est-elle solvable, elle ira au substitué ou aux héritiers légitimes; est-elle insolvable, elle ira à l'esclave. » C'est là une décision en fait, mais quant aux principes, il faut avouer que Justinien les foule singulièrement aux pieds.

Les jurisconsultes pensaient aussi que la liberté pourrait être laissée *ex die*, et l'hérédité purement et simplement, sauf à retarder la délation de l'hérédité au terme fixé pour la liberté; cette opinion peut être soutenue, dit Ulpien (L. 9, § 17), elle pourrait être aussi contestée par la loi 34, *hoo. tit.*

De même la liberté étant donnée *ex die*, et l'hérédité sous condition, si la condition se réalise après le terme fixé, à son échéance, l'esclave sera libre et héritier; si elle se réalise avant, l'on retombera dans le cas de la loi 9, § 17 (L. 9, § 18).

L'on sous-entendait du reste facilement la dation de la liberté; sous Justinien, qui résout ainsi une vieille controverse, elle résulte du fait seul de l'institution (1); déjà Antonin (L. 1, Code, *de neces. serv.*), moins exigeant qu'Ulpien (XXII, § 12) et que Gaius (C. II, 186), se contentait d'une intention suffisamment claire du testateur.

Tout ceci suppose que l'esclave est resté dans la même situation, c'est-à-dire qu'esclave du testateur au moment de la confection du testament, il l'est encore au moment de sa mort; le contraire pouvait arriver, soit que l'esclave eût été affranchi entre vifs, soit qu'il eût été aliéné par le testateur.

L'on comprend combien l'existence d'une de ces deux circonstances dut influer sur les décisions adoptées à l'égard de l'institution de l'esclave; et en effet, si l'esclave du testateur a été affranchi ou aliéné, son institution ne dépend plus de sa liberté : dans le premier cas, la liberté est inutile puisque l'esclave l'a déjà : dans le second cas, l'aliénation est comme un retrait de la liberté; c'est une révocation tacite, suffisante pour la liberté qui est comme un legs, insuffisante pour l'institution qui ne peut être révoquée que par un moyen légal (Inst., II, XIV, § 2). Quand je dis que l'esclave venant à changer de condition son institution ne dépend plus de sa liberté, j'entends qu'il pourra rester

____

(1) § 2, *Qui et ex quib. causis manumit. non pos.*, aux Inst.

esclave et recueillir l'hérédité pour son nouveau maître s'il est aliéné, ou pour lui-même s'il est affranchi, sans que la liberté lui *vienne* du testament ; mais il ne faut pas moins que la liberté lui *ait été donnée* par le testament, qu'il ait pu éventuellement la recevoir de lui, car s'il avait été institué sans liberté, il ne serait pas héritier, eût-il été aliéné ou affranchi, car l'institution eût été nulle *ab initio*, et de toute nulleté. Si donc l'institution a été pure et simple et la liberté donnée sous condition, la condition vient-elle à défaillir, si l'esclave est encore dans la même situation, l'institution est inutile, même s'il changeait plus tard de condition ; elle n'existe plus ; que s'il était déjà aliéné ou affranchi, l'institution reste valable, car n'étant plus subordonnée à la liberté, elle ne l'est plus à la condition qui tenait en suspens cette liberté ; si bien que l'esclave aliéné ou affranchi eût pu faire adition de l'hérédité même *pendente conditione*, l'événement de cette condition, ou sa défaillance devenant désormais indifférente (L. 38, § 3, 4; *de her. inst.*, D.). Dans le premier cas, le vice a opéré et annulé l'institution, elle ne peut plus revivre ; dans le second, le vice ne peut plus opérer, le changement de condition de l'esclave l'a purgé. L'on en pourrait en dire autant du cas où la liberté aurait été donnée *ex die*, et l'hérédité purement et simplement (L. 9, § 17, 19, *h. tit.*)

C'est à cette théorie que se rattachent les lois 51, § 1, *de her. instit.*; 29, § 4, *de leg.*, 3°, que je ne crois pas contredites par la loi 47, *de condit. et demonst.*

J'ai dit les règles suivant lesquelles l'esclave propre du testateur peut être institué; il reste à savoir ce que l'on doit entendre au juste par esclave propre du testateur. L'esclave du testateur n'est pas seulement celui sur lequel il a un droit de propriété pleine et entière, mais encore celui dont un autre que lui a l'usufruit, à plus forte raison le simple usage; l'usufruit n'est en effet que le droit de jouir de la chose d'autrui; (Inst., II, XIV. pr., II, IV, pr.). Le nu propriétaire d'un esclave peut donc l'affranchir et le faire son héritier; cependant il ne peut détruire le droit de l'usufruitier; aussi Ulpien dit-il que l'institution ne produira pas son effet; au contraire, l'esclave restera esclave, mais esclave sans maître : *servus sine domino* (frag. I, § 19); car il ne peut être affranchi, et par suite héritier au préjudice de l'usufruitier. Justinien ne pouvait accueillir sans la réformer une aussi rigoureuse doctrine; il ne veut plus que l'esclave soit privé de la liberté et que l'institution tombe faute pour l'hérédité de pouvoir être recueillie par quelqu'un; il décide, en conséquence, que l'esclave affranchi par le nu propriétaire le sera valablement; mais comme il faut respecter les droits de l'usufruitier, il continuera de le servir en fait comme avant son affranchissement, lui acquérant *ex re ejus et operis suis*, mais acquérant pour lui-même de toutes les autres manières, et notament l'hérédité qui dès lors a pu lui être valablement laissée par son ex-maître (*communia de manumis.*, Code, L. 1). Le § 20, L. 19, *de her. inst.*, décidait par suite que, si après avoir institué avec la liberté, mon esclave, j'aliène son usufruit sur lui, l'institution tient, mais est différée à l'extinction de l'usufruit; il reste là quelque chose de l'ancien esclavage *sine domino* d'Ulp. (1, § 19, Frag.); je crois qu'il faut aller plus loin et dire que l'esclave sera immédiatement libre et héritier, sauf à servir en fait l'usufruitier jusqu'à l'extinction de son droit.

SECTION II.

Des esclaves communs.

L'esclave commun peut être institué par un de ses maîtres avec ou sans sa liberté (Ulp. fr. XXII, § 7; L. 3, pr., *de her. inst.*), ce qui ne veut pas dire que la liberté dans le premier cas lui sera utilement donnée, cela n'est pas encore vrai au temps d'Ulpien, mais seulement que l'institution n'en est pas moins valable alors même que l'esclave ne pourrait pas recevoir en même temps que l'hérédité la liberté, ce dont on eût pu douter, puisqu'il eût pu jusqu'à un certain point être considéré comme esclave propre du testateur. Cela tient à ce que le testateur a pu avoir en vue les autres propriétaires de l'esclave qu'il institue ; il l'institue alors comme étranger ; l'hérédité est acquise aux autres maîtres.

Il se peut que le testateur ait affranchi l'esclave ou qu'il l'ait institué sans liberté ; ces deux cas méritent d'être distingués. Institué *avec liberté* par l'un de ses maîtres, l'esclave ne devenait pas pour cela libre, dans l'ancien droit ; un maître, en effet, ne pouvait affranchir au préjudice de ses copropriétaires ; l'affranchissement n'eût été qu'un abandon de son droit au profit de ceux-ci qui en étaient investis *jure accrescendi*, partant, l'institution de cet esclave avec la liberté, par un de ses maîtres, ne le mettant pas en liberté, ne devait profiter qu'à ses autres maîtres, avec lesquels le testateur devait dès lors avoir la faction de testament, car c'est comme s'il eût institué un esclave étranger (Ulp., fr. XXII, § 9); institué sans liberté, la décision ne pouvait être douteuse, elle était la même *a fortiori*. Mais Justinien introduisit ici une réforme analogue à celle de la loi 1, *communia de manumis.* : de même qu'un nu propriétaire peut affranchir l'esclave dont un autre à l'usufruit, de même un maître put affranchir l'esclave commun malgré ses autres maîtres; l'humanité du meilleur ne dut pas se tourner en gain pour les plus mauvais; mais une indemnité dut leur être payée en compensation de la perte de leur part de propriété sur l'esclave (1); dèslors un des maîtres institue-t-il l'esclave commun avec la liberté, il sera libre et héritier, sauf l'indemnité des autres maîtres; l'institue-t-il sans la liberté, il semble que l'institution de l'esclave propre faisant toujours présumer son affranchissement, il devra être décidé de ce second cas comme du premier. Cependant, comme ici le testateur a pu avoir en vue ses copropriétaires et non l'esclave lui-même, il n'est pas absurde de supposer qu'il n'a pas entendu le rendre libre, et dès lors il faut dire que ce sera une question d'intention de savoir si le maître a eu en vue l'esclave ou ses autres maîtres: dans le premier cas, l'esclave sera libre et héritier pour lui-même; dans le deuxième cas, il restera esclave et sera héritier du chef des autres maîtres. Vinnius pense même que cette seconde décision doit toujours être donnée parce que ni dans l'un ni dans l'autre cas il n'est besoin, pour soutenir l'institution, de sup-

____

(1) Inst., liv. 2, 7, § 4. Cette indemnité avait été l'objet d'un tarif.

poser au testateur une intention qu'il n'a pas
exprimée : les autres maîtres sont toujours
prêts; que dès lors il n'y peut avoir lieu de sous-
entendre un affranchissement tacite qu'il faut
bien supposer quand l'esclave n'a pas d'autre
maître que le testateur qui puisse soutenir le
testament; je préfère voir là une question
d'intention que d'appliquer à cette espèce une
rigueur de logique qui n'est plus dans l'esprit
du droit du Bas-Empire.

De ces diverses solutions, il résulte que l'esclave commun institué par un de ses maîtres
peut être libre et héritier (nécessaire par suite);
héritier sans être libre (volontaire) pour le
compte et par l'ordre de ceux de ses autres
maîtres qui auront la faction de testament avec
le testateur, et qui lui donneront l'ordre de
faire adition.

<h2 style="text-align:center">SECTION III.</h2>

Des esclaves qui appartiennent à autrui.

Nous pouvons instituer l'esclave d'autrui,
sans liberté, car on ne peut pas utilement
donner la liberté à l'esclave qui ne nous appartient pas, même en partie (L. 3, pr., *de
her. inst.;* Ulp., fr. XXII, § 7; L. 49, pr., *h.*, *tit.*,
Dig.). Mais nous ne pouvons pas l'instituer en

tant qu'esclave : nous ne pouvons l'instituer que pour son maître; dès lors il est indispensable que nous ayons faction de testament avec le maître dont l'esclave emprunte la capacité (L. 31. *de her. inst.*, Dig.; Ulp., fr. xxii, § 9); aussi ne peut-on, en général, instituer que les esclaves de ceux qu'on aurait pu instituer eux-mêmes : je dis, en général, parce que la loi 25, § 1, *de adq. vel omit. hered.*, nous apprend que les esclaves des villes et corporations pouvaient être institués à l'époque même où ces villes étaient frappées d'incapacité; c'est ainsi qu'on leur permettait aussi d'être institués par leurs affranchis : c'était un second pas vers la capacité qui leur fut plus tard concédée. Il est possible que le testateur ait institué l'esclave pour lui-même; il l'a même fait, pour le cas où il serait libre, au moment du *dies cedit*, et capable d'être héritier : aussi faut-il, pour instituer valablement un esclave, avoir faction avec son maître, mais aussi l'avoir éventuellement avec lui-même (L. 5, *de servit. leg.*), et c'est là peut-être ce ce qui peut expliquer la loi 25, § 1, *de adq. vel omit. her.*, et surtout la loi 82, même titre. Donneau, nous le savons, y voit une restriction générale à la règle sur les époques auxquelles doit exister la faction de testament, restriction qui consisterait à n'exiger la faction de testament, lors de l'institution que si elle est pure et simple; selon lui, l'esclave dont parle la loi 82 est institué sous cette condition qui se déduit de la volonté du testateur, *s'il est libre.....;* je ne serais pas éloigné de penser que Donneau généralise trop en étendant cette décision à toutes les institutions conditionnelles, mais qu'il devrait, d'un autre côté, généraliser davantage et dire que la règle à laquelle déroge la loi 82, ne s'appliquait pas à ces institutions d'esclave, précisément parce que le testateur avait dû les avoir *personnellement* en vue et avoir avec eux faction de testament. Le rapprochement de cette loi avec la loi 28, § 1, rend cette interprétation peut-être possible; mais elle est, je l'avoue, bien hardie, et l'exception à une règle fondamentale serait bien grave pour être enfouie sous un texte obscur; aussi m'en tiendrais-je plus volontiers à l'explication de la loi 82 que j'ai fait pressentir page 47, et que je donnerai plus bas (page 90).

Quoi qu'il en soit, c'est du chef du maître que l'esclave peut être institué; mais ce n'est pas toujours à ce maître que sera acquise l'hérédité; il ne l'acquerra que s'il est encore maître de l'institué au moment du *dies cedit;* mais s'il l'a affranchi, s'il l'a aliéné, l'hérédité appartiendra à l'affranchi lui-même (s'il a la faction de testament), ou au nouveau maître,

L'institution, en effet, se promène avec lui (L. 2, § 9, *de bon. possess. seo. tab*), et permet de demander la possession des biens selon les tablettes du testament, à lui-même s'il est libre, au maître auquel il appartient au moment du *dies cedit*, et qui lui ordonne de faire adition, s'il ne l'est pas.

Le principe suivant lequel une hérédité jacente soutient la personne du défunt dont l'existence juridique ne souffre ainsi aucune interruption exigeait impérieusement que l'on accordât la faction de testament à l'esclave de cette hérédité, du chef du défunt, comme on l'accorde à l'esclave d'un homme vivant (L. 31, § 1, *de her. inst.*). Aussi est-ce avec le défunt que le testateur doit avoir la faction de testament, et non avec l'héritier éventuellement appelé à recueillir l'hérédité jacente (L. 82, *de her. instit.*) : l'adition que cet héritier futur fera de l'hérédité ne rétroagira pas à l'effet de rendre nécessaire la faction de testament entre lui et le testateur ; un texte sans doute semble attribuer à l'adition cet effet rétroactif, en plaçant l'héritier dans la même position que s'il eût fait adition immédiatement après le *dies cedit* (L. 84, *de adq. vel omit. hered.*) ; mais la loi 103, *de reg. juris*, de Celsus, corrige par le mot *fere* ce qu'a de trop absolu cette maxime dont quelques jurisconsultes seulement avaient déduit une conséquence unique : celle de valider les stipulations faites par l'esclave héréditaire *heredi futuro*; mais d'autres rejetaient même cette doctrine (L. 16, 18, § 2, *de stipul. serv.*, Dig.,), et les textes ne nous offrent pas d'autre application de la loi 54 , *de adq. vel omit. her.*, ce qui ferait penser qu'elle avait été faite pour les besoins de leur cause par ceux qui validaient les stipulations faites par l'esclave héréditaire au nom de l'héritier futur. Les textes, au reste, sont unanimes pour proclamer que la faction de testament avec l'héritier futur est inutile pour la validité de l'institution de l'esclave héréditaire : *hereditas enim non heredis personam sed defuncti sustinet* (Inst., II, XIV, 2). Remarquons du reste que, *sauf deux cas*, qui a la faction de testament avec le défunt doit par là même l'avoir avec l'héritier futur : ces deux cas exceptés sont : 1° celui où l'héritier futur étant un posthume sien du testateur se trouve être un posthume externe pour le second testateur (1) ; 2° celui où il y aurait entre ce dernier et l'héritier futur une incapacité seulement relative.

---

(1) L'esclave de l'hérédité à laquelle est appelé ce posthume peut être aussi institué (L. 64, hoc tit., Instit., II, XIV, § 2).

SECTION IV.

*Du captif à l'ennemi. De l'esclave grevé d'usu-
fruit. De l'homme libre possédé de bonne foi
comme esclave.*

Le citoyen captif à l'ennemi est esclave, et
esclave de pérégrins ; il n'eût donc pas dû avoir
la faction de testament : on la lui accorda cependant (L. 31, § 1, *de her. inst.*), comme conséquence de ce principe que, pour lui *tous les
droits* (1) de la cité sont tenus en suspens,
mais ne sont pas anéantis. S'il revient à Rome,
la loi le considère comme n'ayant jamais été
esclave ; il a donc valablement été institué ; s'il
meurt captif, il ne l'a pas été valablement, non
parce qu'il est esclave et par suite incapable,
mais parce qu'il est mort aux yeux de la loi,
avant d'être captif ; la fiction de la loi Cornelia, qui fait pendant à celle du *postliminium*,
le suppose mort dans l'intégralité de ses droits,
au moment même où il a perdu la liberté ;
mort, il ne peut plus être valablement institué ;
la loi Cornelia, faite d'abord pour valider son
testament, s'était en effet généralisée et avait
embrassé toutes les parties du droit (*de captivis,*

----

(1) Par opposition aux choses *quæ in facto consistunt.*

LL. 16, 18) ; les institutions d'héritier durent être une des premières auxquelles elle fut appliquée.

Suivant les mêmes fictions, on reconnaît que son esclave peut être valablement institué, l'institution restant suspendue par la condition de son retour ; en sorte que si la captivité cesse, l'institution produit son effet *jure postliminii;* et si le citoyen meurt sans avoir recouvré la liberté, elle ne s'évanouit plus ; mais l'hérédité du captif étant ouverte au jour où il a été fait captif, la loi Cornelia exige qu'on la considère comme faite en faveur de l'esclave de son hérédité jacente. Elle est donc valable, et son bénéfice sera acquis à celui qui recueillera cette hérédité jacente.

Il se peut que Titius soit nu propriétaire de l'esclave Pamphile, et que Mævius en soit usufruitier. Il n'est pas douteux que Pamphile ne puisse être valablement institué; mais du chef duquel, de Titius ou Mævius, doit-il ou peut-il l'être ? L'usufruitier n'acquiert par lui que *ex re sua* et *ex operis suis.* Or, une hérédité ne peut être considérée comme provenant ni de la chose de l'usufruitier Mævius, ni de l'ouvrage de Pamphile; il faut donc décider que l'institution est valable du chef de Titius, et que c'est avec Titius que doit exister la faction de testament (L. 28, princ., *de adq. vel omit. her.*).

Cependant, il se peut que le testateur n'ait institué Pamphile qu'en contemplation de Mævius; en ce cas, c'est à Mævius que doit profiter l'institution, et avec lui que doit exister la faction de testament. Labéon fait cette distinction (L. 21, *de usuf. et quemadm.*) et l'applique aussi aux donations (L. 22, *idem*).

Il faudrait en dire autant de l'esclave d'autrui possédé de bonne foi par un autre que son maître. A-t-il été institué en contemplation du possesseur ou du véritable maître? Selon la réponse à cette question, nous déciderons que c'est avec le premier ou le second que doit exister la faction de testament; l'esclave possédé de bonne foi est en effet assimilé à l'esclave grevé d'usufruit (L. 25, *de adq. vel omit. hered.*, pr.).

Les mêmes distinctions furent faites pour l'institution de l'homme libre possédé de bonne foi comme esclave; mais elles firent plus de difficulté, et ne furent pas acceptées par tous les jurisconsultes. Comme l'usufruitier, le possesseur de bonne foi acquiert par l'homme libre tout ce qui provient *ex re sua* et *ex operis ejus* (Inst. II, XX, § 4; L. 19, *de adq. rer. domin.*); mais tout ce qui est acquis au nu propriétaire est acquis à l'homme libre lui-même. Si donc il est institué, deux questions se présentent : l'est-il valablement du chef de son possesseur?

l'est-il valablement de son propre chef? Sur ces deux questions, nous trouvons des textes à peu près contradictoires, restes d'une vieille controverse entre les jurisconsultes ; il est certain que l'adition d'hérédité ne provient ni *ex re possessoris* ni *ex operis hominis liberi qui possidetur* (L. 19, *de adq. rer. dom.*; L. 45, *de adq. vel omit. her.*); par conséquent, le possesseur ne pourra jamais acquérir l'hérédité, alors même que telle eût été la volonté du testateur, sauf à forcer l'homme libre à restituer au possesseur l'hérédité, tout en lui laissant le titre d'héritier. Mais Varius Lucullus doutait que la solution dût être aussi absolue (L. 19 citée); d'autres, Julien l'atteste (L. 45 , § 4, *de adq. vel. omit. her.*, D.), admettaient sans réserve les distinctions déjà faites pour l'esclave grevé d'usufruit, et pensaient que l'institution serait valable du chef du possesseur, et que le bénéfice lui en serait acquis si elle avait été faite en contemplation de lui. Julien se range même de leur avis, mais par un détour, en feignant que l'hérédité lui est acquise parce qu'elle peut être considérée comme provenant *ex re ejus*, ainsi que la stipulation que fait l'homme libre possédé ou la tradition qu'il reçoit.

Une controverse d'un autre genre s'élevait également entre les jurisconsultes sur la deuxième question : celle de savoir si l'institution, dans les cas où, pour écarter toute équivoque, elle ne peut valoir que du chef de l'homme libre, vaudra nécessairement, et s'il sera nécessairement héritier quand il aura fait adition. Au gré de Trébatius, il le sera toujours, alors même qu'il n'aurait fait adition que contraint et forcé par l'ordre de son possesseur. Moins rigoureux, Labéon distinguait et ne lui laissait le titre d'héritier que s'il avait eu, en faisant adition, l'intention de s'obliger; s'il ne l'avait faite que par nécessité, il n'était plus héritier (L. 19 citée; L. 59, *de her. inst.*).

Est-il enfin nécessaire de parler ici du *filius-familias ?* Je ne le pense pas; on sait qu'il fut assimilé aux esclaves, et que ce qui est vrai de l'institution des esclaves d'autrui, l'est aussi du fils de famille. L'on connaît les modifications notables que ces règles subirent à son égard par la création et la distinction des divers pécules; entrer dans le détail de ces questions serait aborder un sujet nouveau auquel je dois rester étranger.

CHAPITRE III.

DES ÉPOQUES OU LA CAPACITÉ EST REQUISE DANS LA PERSONNE DES HÉRITIERS.

Nous savons maintenant quelles personnes

ne peuvent pas être instituées, quelles peuvent l'être; en un mot, de quels éléments se compose la faction de testament. Il faut nous demander enfin à quelles époques elle doit exister.

Ces époques sont au nombre de trois :

1° *L'époque de la confection du testament,* — afin, disent les Instituts (II, XIX, § 4), que l'institution soit valable (L. 49, § 1, *de her. inst.* 59, § 4, Dig.); c'est aussi parce que cette règle était nécessaire et inévitable quand les testaments se faisaient *calatis comitiis,* ou *per æs et libram,* que nous la trouvons si nettement formulée dans les textes. Introduite par les exigences du formalisme, elle s'est maintenue parce qu'elle était conforme, au fond, à l'esprit même du droit romain (1). J'ai déjà dit que cette règle me paraissait devoir s'appliquer même aux institutions conditionnelles; j'ai dit comment, selon moi, devait être entendue la loi 62, *de hered. instituendis* ; la loi 82, *de adq. vel. omit. her.,* ne me semble pas non plus condamner ce système : elle s'explique d'elle-même et ne contredit aucun des principes que

____

(1) Combien est plus sage notre législation qui, pour apprécier la volonté dernière du testateur, ne se place qu'au moment où elle peut seulement produire son effet!

jusque ici nous avons rencontrés. Nous savons que l'institution d'un esclave étranger au testateur profite non pas au maître qu'il avait au moment de la confection du testament, mais à celui qu'il a au moment où l'hérédité est dévolue. Si donc le premier maître est capable d'être institué, mais non de recueillir (il est plus qu'évident que tel était ici le maître de l'esclave), et si le second est au contraire capable de recueillir, quelle raison aurait-on de décider autrement que la loi 82, et de ne pas maintenir l'institution? Aucune, que j'aperçoive. La loi 82 confirme donc purement et simplement une règle dont elle est une application, celle de la loi 2, § 9, *de bon. poss. sec. tab.*, mais ne contredit pas celle de la loi 49, § 1, et 80, § 4, *de hered. inst.*

2° *L'époque du* dies cedit (1). — Il faut bien, en effet, qu'au moment où le droit s'ouvre, celui qui doit l'exercer soit capable de l'avoir. La capacité était nécessaire à la première époque pour que l'institution fût valable; elle est nécessaire à la seconde pour qu'elle puisse produire un effet (L. 49, § 1, *de hered. inst.*).

---

(1) C'est celle de la mort du testateur et de l'événement de la condition, selon que l'institution est pure et simple ou conditionnelle.

3° Celle de l'adition d'hérédité. C'est en effet à ce moment que l'institué acquiert l'hérédité : le bon sens veut qu'il soit à ce moment capable de l'acquérir (L. 49, § 1, *de her. instit.*).

Mais dans l'intervalle qui sépare ces époques, la capacité doit-elle exister encore ? Il est de principe que les temps intermédiaires ne sont pas pris en considération : *media tempora non nocent* (L. 6, § 2; L. 59, § 4, *de her. instit.*). Mais il y a deux temps intermédiaires : celui qui sépare la deuxième époque de la première, celui qui sépare la troisième de la deuxième. C'est seulement au premier de ces intervalles qu'il faut appliquer cette règle : *media non nocent*. Je me fonde pour l'affirmer sur ce que les exemples cités par application de la règle ne se réfèrent qu'à l'intervalle qui sépare les deux premières époques (L. 6, § 2; 59, § 4, *hoc. tit.*), et aussi sur les termes explicites de la loi 49 : *in fine*, qui spécifie positivement le temps qui s'est écoulé entre « *testamentum factum et mor-* « *tem testatoris, vel conditionem institutionis exis-* « *tentem.* » Ainsi, toute interruption dans la capacité de l'institué, survenue entre le *dies cedit* et l'adition, rend cette adition nulle, fait perdre à l'institué tous ses droits; et cette différence se conçoit à merveille. En effet, que la capacité soit exigée au jour de la confection du testament, afin que l'institution soit valable *ab initio,* à merveille ; qu'elle le soit au moment où est déférée la succession, afin que le droit qui s'ouvre trouve quelqu'un qui puisse le recueillir, mieux encore ; mais dans l'intervalle, quelle nécessité d'exiger une capacité constante de l'institué? Le droit à l'hérédité n'est pas ouvert encore : comment se pourrait-il perdre? De là, *medium tempus non nocet* (1). Mais une fois que le droit est ouvert au profit de l'institué capable, si cette capacité vient à disparaître, ne fût-ce que pendant un instant, immédiatement le droit tombe, nul n'étant en état de le soutenir ; et une fois évanoui, nul ne le peut faire renaître : la succession a été déférée ab intestat ; la succession testamentaire n'est donc plus possible.

---

(1) Remarquons, en terminant, que les textes mentionnent toujours trois époques et un temps intermédiaire entre la confection du testament et le *dies cedit* ; c'est une preuve encore, et des plus concluantes, que dans tous les cas la capacité est requise à la première de ces époques, car pour les institutions conditionnelles il n'y aurait pas de *medium tempus* possible qui ne nuise pas (Ducaurroy) ; les inventions ingénieuses et subtiles que Vinnius donne pour vraies, en dépit du silence des textes, ne sauraient prévaloir contre cet argument.

TITRE II.

De l'institution en elle-même.

CHAPITRE Ier.

SECTION Ire.

De sa forme.

L'institution, nous le savons, est cette partie du testament qui dé s gne le *successor in universum jus* du testateur, dont toutes les autres tirent leur validité, qui est le *caput et fundamentum totius testamenti.*

De sa forme, de sa validité.

La validité de l'institution se compose essen-tiellement de deux éléments : la partie maté-rielle, la partie intellectuelle, si je puis ainsi parler (L. 1, § 1) : l'écriture ou son équivalent, la parole; et la volonté. Nul n'est héritier si le testateur n'a voulu l'avoir pour son héritier (L. 9, § 7; 37, § 2, *h. tit.*), fût-il matériellement institué. Mais nul n'est héritier, quelle que soit la volonté du testateur, de quelque évidence que soit l'indice de ses désirs, s'il n'est en même temps institué (L. 9, pr., *de her. inst.*; L. 65, idem) (1).

De la désignation matérielle de l'héritier.

La règle à cet égard est bien simple : il faut que nul doute ne puisse s'élever sur l'identité de la personne instituée; il faut que l'héritier soit démontré d'une manière évidente (L. 9, § 9; 62, § 1, *h. tit.*; L. 2, *de his quæ pro non script. hab.*).

Avec les époques ont varié les conditions que devait réunir l'institution pour être suffi-samment démonstrative de la personne de l'héritier. Comme le testament lui-même, l'institution fut longtemps soumise à des formes strictes et rigoureuses dont il n'eût pas été possible de s'écarter sans faire un acte nul; législateur, celui qui fait un testament doit s'exprimer en termes impératifs : les Douze Tables lui en font un devoir, une nécessité, et l'on peut lire avec étonnement qu'au beau siècle de la jurisprudence romaine, un testament était annulé parce que le testateur avait dit : *Titium*

---

(1) La loi 35, § 3, *h. t.*, qui dit que la volonté fait tout, n'est pas contraire à cette règle, car elle ne règle qu'une question qui, en effet, ne peut être qu'une question de volonté, mais nullement une question de validité d'institution.

heredem facio, instituo, heredem esse volo, au lieu de diro : *Titius heres esto* (Gaïus, II, 116, 117; Ulp., fr. XXI); à cette époque encore il fallait, pour valider un testament, se demander avant toute chose si l'institution y était faite *solemni more*..... Déjà, cependant, les rigueurs commençaient à s'adoucir; quelques-unes des formules anciennement réprouvées s'étaient fait admettre..... Constantin supprima la solennité des termes et n'exigea plus que ce qui devait naturellement être exigé : une désignation claire et évidente de la personne que le testateur veut avoir pour successeur (c. au Code, VI, 23, 15) (1).

Si une désignation claire de la personne de l'héritier est nécessaire, elle est aussi suffisante. Ainsi, même à l'époque où la solennité des termes était une condition essentielle de la validité de l'institution, un ou plusieurs mots purent y être impunément omis, pourvu que la phrase fût telle *qu'elle ne pouvait évidemment être qu'une institution*, et que d'ailleurs une personne fût clairement désignée; que si, au con-

---

(1) Mais une institution ne pourrait pas s'induire indirectement d'une substitution qui se trouverait faite dans le testament... (ex. : L. 82 de notre titre; preuve : L. 19, *eod.*)

Elle ne pourrait pas non plus être faite en termes purement énonciatifs (L. 19, *h. tit.*; L. 36, *de legatis* 2°.—Voyez Merl., Répert.; Inst. d'H., sect. IV, n°⁸ 6 et suiv.).

traire, la phrase pouvait, à la rigueur, s'entendre d'autre chose que d'une institution, dans le doute il fallait s'abstenir (Donneau, L. 1, § 5 et suiv. *h. tit.*; L. 7, Code, *de testamentis*). C'est là le *criterium* auquel on reconnaîtra que l'institution où quelques mots sont omis est valable ou doit être annulée. C'est ainsi encore que l'institué pourrait impunément n'être désigné que par un signe, s'il est présent au moment de la confection du testament (L. 58, *de her. inst.*), par un codicille annoncé par le testament (L. 77), ou sous un titre qui ne lui appartient pas (L. 58), ou autrement que par son nom (L. 9, § 8), si de tout cela ne résulte aucune incertitude sur son identité (1). Il est un cas cependant où l'institution, bien que désignant clairement l'héritier, serait cependant annulée : c'est celui où elle *ne* le désignerait *que* par quelque appellation injurieuse; d'abord le testateur a manqué de l'esprit de bienveillance qui est la base de toute disposition testamentaire, c'est le motif que donne la loi 54, *de legatis*, 1°; ensuite, l'institué serait forcé de se reconnaître, d'accepter ainsi l'injure qui lui est faite; l'hérédité ne peut être le prix de son audace, de la turpitude qu'il montre en se re-

---

(1) L. 90, *de leg.* 3 ; L. 34, *de condit. et demonst.* — La démonstration remplace le nom.

connaissant ainsi publiquement pour l'objet des injures du testateur (1). Il en serait différemment si le testateur s'était borné à joindre à l'institution une insulte adressée à l'institué, par exemple : que Mævius soit mon héritier; il est le plus vil des hommes. En effet, d'un côté, Mævius peut parfaitement établir que c'est lui que le testateur a eu en vue, sans accepter pour cela l'insulte, et d'un autre côté, ces paroles n'excluent pas toute bienveillance de la part du disposant qui a pu pardonner, s'il a eu à se plaindre de l'institué, ou dont l'affection n'a pas été absolument étouffée par le mépris (L. 48, § 1, *de her. instit.*).

DE LA VOLONTÉ.

Elle n'est pas moins nécessaire à la validité de l'institution que les paroles ou l'écriture (L. 9, pr.; *h. tit.*; L. 12, *in fine, de leg.*, 1°), si bien que la simple erreur est prise en considération par les jurisconsultes romains; mais entendons-nous bien sur ce que l'on doit considérer comme une volonté conforme à l'institution;

____

(1) Telle serait l'institution : « Que celui qui a acheté les votes soit héritier... » bien qu'il soit parfaitement établi que c'est Titius... que par conséquent son identité soit constante, qu'il soit certain que le testateur l'a eu en vue, il ne pourra pas être héritier.

est-elle nécessaire en ce sens que Titius valablement institué cessera cependant de l'être et ne pourra pas faire adition s'il est certain que le testateur a depuis changé de volonté, et qu'il ne voulait pas au moment de sa mort l'avoir pour héritier ? Non sans doute, ce changement de volonté n'existe légalement que lorsqu'il est exprimé par un second testament ; encore faut-il que ce second testament soit au moins capable de produire un effet ; un simple codicille ne pourrait pas révoquer une institution : les textes abondent pour le démontrer ; mais cette volonté que la loi 9 *nost. tit.* exige chez le testateur, elle ne la requiert qu'au moment où il fait son testament ; elle veut que le testateur ne soit pas trompé par une erreur sur la personne physique de l'institué : elle annule l'institution de celui qui n'a été institué que par suite de cette erreur : quant à l'erreur sur les qualités essentielles et constitutives de la personne, il n'est pas probable que fort anciennement elle ait vicié l'institution ; mais de la loi 4, au Code, *de her. inst.*, on peut induire que dès avant le Bas-Empire, elle donna lieu à une distinction : la qualité essentielle avait-elle été évidemment la cause déterminante de la volonté du testateur, ou bien paraît-il que le testateur eût choisi le même héritier, alors qu'il n'eût pas cru voir en lui cette qualité (par exemple celle de père, fils, etc.) : nulle dans le premier cas, l'institution était maintenue dans le second (1). La teneur même du testament sera le guide le plus sûr pour résoudre cette question : il se pourrait que la qualité essentielle fût exprimée dans le testament, sans qu'elle existe, et que cependant cela n'impliquât aucune erreur dans l'esprit du testateur. Enfin une étourderie du testateur lui-même ou du scribe qui a écrit le testament sous sa dictée n'annulerait pas l'institution, mais serait corrigée d'après la volonté connue du testateur, toutes les fois qu'elle pourrait l'être sans violer la règle qui rend l'écriture ou la parole nécessaire (hypoth. inverse de la loi 9, § 4, *de her. instit.* ; L. 9, § 2 et suiv.).

Du caractère même de l'institution se déduit la règle suivant laquelle elle doit être placée en tête du testament ; communiquant leur force à toutes les dispositions testamentaires dont elle est le fondement, il faut bien qu'elle les précède ; pour dicter des lois, il faut bien que le testateur commence par désigner celui qu'il

____

(1) Les termes de la loi 4, au Code, pourrait même faire croire que l'on n'osait pas annuler l'institution, même dans le premier cas ; mais qu'on se bornait, pour ne pas heurter les principes du droit, à enlever à l'institué l'hérédité qui d'abord lui avait été attribuée en vertu de ces principes. L'intérêt, au reste, serait médiocre.

veut charger de leur exécution. Aussi la loi 1, pr., *de her. inst.*, dit-elle que celui qui fait un testament doit commencer par instituer un héritier ; mais elle nous apprend aussi que sa règle n'est pas sans exception ; sans doute on ne pourrait faire ni des legs, ni des affranchissements, ni d'autres dispositions sans avoir d'abord désigné un héritier (Ulp., fr. 24, § 15 ; Gaius, 2, § 229 ; Paul, 3, 6, § 2). Nous en savons le motif ; mais l'exhérédation, celle du moins qui devrait être faite *nominatim*, pouvait être faite avant l'institution d'héritier (L. 1. pr., *h. tit.* ; § 3, *de lib. et posth.*) ; moins sévères que les Sabiniens, les Proculéiens avaient aussi admis que la nomination d'un tuteur peut précéder l'institution (G., 2, 231) ; enfin une substitution vulgaire pouvait aussi la précéder ; car, loin de tirer d'elle sa force, elle ne peut valoir que si l'institution principale devient inutile. Mais, à part ces exceptions, l'institution doit être placée en tête du testament, à peine de nullité des dispositions qui la précèdent. Justinien (§ 34, *de legatis* ; L. 24, Cod., *de test.*) fait bonne justice de ces exigences qui sacrifient la volonté du testateur à la vaine observation d'un ordre d'écriture : en sorte que les dispositions testamentaires tirent bien encore toute leur force de l'institution, mais il importe peu que, dans le testament, cette institution occupe telle ou telle place, pourvu qu'elle s'y trouve.

SECTION II.

Des biens que peut comprendre l'institution. Des institutions ex certa re.

C'est une règle absolue et fameuse que nul, si ce n'est un militaire, ne peut mourir pour partie testat pour partie intestat (*de reg. jur.*, L. 7.) La succession testamentaire et la succession légitime s'excluant l'une l'autre, l'hérédité ne peut être réglée en même temps par la loi générale de la cité et par la loi particulière du testateur. Entre autres conséquences de cette maxime, les textes mettent en relief celle-ci : que l'institution ne peut pas ne pas comprendre tous les biens, tous les droits du défunt ; et que si elle n'en comprend qu'une partie, on fait comme si elle les comprenait tous : c'est là ce que l'on a nommé la théorie des institutions *ex certis rebus.*

Deux cas sont à examiner : il n'y a qu'un institué, et il l'est *ex certis rebus.* Il y a plusieurs institués, et tous ou quelques-uns le sont *ex certis rebus.*

1° Il n'y a qu'un institué, et il l'est *ex certa re.*

La loi 1, § 4, *de her. inst.*, nous apprend qu'on fait abstraction de la mention spéciale faite par le testateur de certaines choses, et l'on maintient l'institution en l'étendant à toute l'hérédité : il répugne, en effet, à la nature des choses qu'un héritier ne le soit que pour certaines choses, l'hérédité étant une *successio in universum jus quod defunctus habuit* (L. 62, *de reg. jur.*; L. 24, *de verb. signif.*). C'est par suite d'une idée semblable que le testament fait par un fils de famille pour ses biens castrenses comprend même ses autres biens (L. 19, § 2, *de pecul. castr.*), et que l'institution *detracta certa re* vaut aussi pour le tout, même pour cette chose que le testateur en avait exceptée (L. 74, *h. tit.*).

Ces décisions sont une interprétation de la volonté du testateur : *Il a voulu que l'institué soit héritier :* le restreindre à telle chose, n'a été que son idée secondaire : qui veut la fin veut les moyens. S'il est nécessaire de sacrifier cette idée pour exécuter sa volonté principale (et cela est nécessaire), la sacrifier, c'est au fond obéir à ses véritables intentions.

Dans un testament, Primus est institué *ex fundo Corneliano ;* mais dans un testament précédent, Titius avait été institué purement, et dans le second, le testateur *exprime le désir que le premier soit maintenu* rigoureusement ; le premier étant rompu, il faudrait appeler Primus à toute l'hérédité (L. 1, § 4, *nost. tit.*) ; mais un rescrit de Sévère et Antonin avait décidé que dans ce cas particulier Primus était grevé d'un fidéicommis au profit de Titius, mais qu'il pourrait retenir la *res certa* pour laquelle il était institué.

2° Il y a plusieurs institués. Ce cas présente plus de difficultés que le premier.

Il est constant que l'on fait encore ici abstraction de la mention de certaines choses pour lesquelles les héritiers ont été institués (L. 9, § 13; 10, 11, *de her. inst.*), et qu'on traite ces derniers comme s'ils avaient été institués sans parts assignées, c'est-à-dire qu'ils seront héritiers par égale portion (L. 9, § 12.) Mais il est constant aussi que, malgré cette égalité dans leur droit, leur émolument ne doit pas être le même, parce que les choses qui leur avaient été assignées par le testateur devront leur être effectivement attribuées par le juge de l'action *familiæ erciscundæ*, comme préciputaires, légataires les uns à la charge des autres, ce qui est parfaitement possible, car *heredi a semet-ipso legatum dari non potest, a coherede potest* (L. 116, § 1, *de leg.*, 1°). Mais comme les institués restent héritiers *æquis partibus*, les dettes se partageront également entre eux; si par suite de legs il y a lieu à opérer la réduction en vertu de la loi Falcidie, cette réduction portera sur les prélegs comme sur les autres legs

(L. 35, *de her. inst.*). Tout me paraît simple, et c'est pourtant l'objet d'une très sérieuse difficulté, dont la loi 78, *de her. inst* , est le siége et dont elle ne donne la solution que d'une manière obscure. Voici le texte de cette loi : *Qui non militabat* (1), *bonorum* maternorum *quæ in Pannonia possidebat libertum heredem instituit; paternorum quæ habebat in Syria, Titium; jure semisses ambos habere constitit; sed arbitrum dividendæ hereditatis supremam voluntatem, factis adjudicationibus, et interpositis propter actiones cautionibus, sequi salva Falcidia; scilicet ut quod vice mutua præstarent* doli ratione *quadranti retinendo* compensetur.

Cette loi difficile a été diversement expliquée; deux interprétations méritent de fixer notre attention : la première est de Cujas; la seconde appartient tout entière à M. Pellat, doyen de la faculté de Paris.

Voici en résumé celle du Cujas (1). Supposons que les biens maternels valent 300, et les paternels 100, en tout l'hérédité est de 400;

---

(1) La loi 78 écarte l'hypothèse où le testateur serait un militaire, non que la solution qu'elle va donner ne s'applique aux militaires : elle s'y applique (L. 17, *de test. milit.*, Dig.); mais parce qu'elle s'occupe ensuite de la Falcidie, qui n'avait pas lieu dans les testaments militaires (*ad leg. Falcid., eod.*, L. 7; *de test milit., eod.*, L. 12).

(2) Les chiffres et les calculs sont ceux qu'il fait lui-même.

les deux héritiers le sont chacun pour **200**,
l'affranchi a 150 dans les biens maternels,
50 dans les paternels, et Titius également. Mais
le juge devant adjuger à l'affranchi tous les
biens maternels, à Titius tous les paternels, il
en résulte que l'affranchi est prélégataire de
150 que lui fournit Titius (1), et Titius, prélégataire de 50 que lui fournit l'affranchi (2);
enfin, sur les 300 l'affranchi a 150 *jure hereditario*, à titre d'héritier, et 150 *jure legati*, à
titre de légataire, et sur ses 100, Titius a 50
comme héritier, 50 comme légataire.

Mais l'un et l'autre devront se donner mutuellement caution pour le cas où ils auraient
reçu au delà de ce que la Falcidie permet, et
cela pourrait arriver par suite de legs ou de
dettes héréditaires ignorés au moment où a
lieu l'adjudication, et qui pourraient faire que
l'un des héritiers ait fourni à l'autre un prélegs
qui, joint aux nouveaux legs, excéderait les
3/4 de sa part héréditaire, cas auquel le prélegs devrait être réduit comme les autres
legs (L. 35); et c'est ce qu'entend la loi 78 par
les mots *propter actiones;* ces actions ne peuvent être que celles qui seraient, après l'adjudication, intentées contre les héritiers pour leur

---

(1) Des 150 qui passent de Titius au premier.
(2) Des 50 qui passent de l'affranchi à Titius.

part héréditaire, c'est-à-dire 1/2, sans égard aux modifications apportées dans leur émolument effectif par le prélegs (L. 1, Cod., *si cert. pet.*), et les legs résultant de codicilles inconnus produiraient le même effet, car bien qu'ils ne commencent à être dus que dans la personne des héritiers, cependant ils sont assimilés aux actions héréditaires (L. 90, *de oblig. et act.*).

D'après cela, en reprenant notre espèce avec les mêmes chiffres, supposons qu'un legs inconnu au moment de l'adjudication s'élève à 120; le légataire attaque chacun des héritiers pour 60; l'affranchi garde ainsi 240 : 120 comme héritier, 120 comme prélégataire; Titius garde 40 : 20 comme héritier, 20 comme légataire, comme préciputaire; il a droit à 50 à cause de la Falcidie $\left(50 = \frac{200}{4}\right)$; il manque donc 30 à sa Falcidie, car il n'est pas tenu d'imputer sur son quart les 20 qu'il reçoit comme préciputaire ; il demandera donc les 30 à l'affranchi : mais il sera repoussé jusqu'à concurrence des 20 qu'il en reçoit, *ratione doli*,... C'est là cette compensation dont parle la loi 78 : l'affranchi lui redevra donc 10 (1).

---

(1) Ces calculs sont évidemment faux ; nous verrons tout à l'heure qu'il faut ici dire :

Titius est grevé de 150 de prélegs à l'affranchi, de 60 de legs à l'étranger; total 210. Il a donc le droit d'opérer une réduction qui lui laisse 50, sur le prélegs et sur le legs

La seconde explication me semble bien préférable en ce qu'elle est en harmonie parfaite avec d'autres textes dont les calculs de Cujas ne tiennent pas compte. Les mots *propter actiones* n'auraient pas le sens que leur donne Cujas et après lui Pothier. Les actions en vue desquelles la loi 78 exige des héritiers des cautions réciproques ne seraient pas celles auxquelles fait allusion la loi 35, même titre; Papinien, en parlant de ces cautions, n'aurait pas en vue l'application de la Falcidie; il résoudrait la question que je vais dire et ajouterait.... sauf

(L. 35); cette réduction serait déterminée par la proportion *

$$50 : x :: 210 : 60 : \text{d'où } x = \frac{50 \times 60}{210} = 14,28\ldots$$

$$50 : x :: 210 : 180 : \text{d'où } x = \frac{150 \times 50}{210} = 35,72\ldots$$

approximativement, total de la Falcidie...... 50. —

Le legs de l'étranger devrait donc être réduit de 14,28, et celui de l'affranchi de 37,72; mais Titius reçoit de l'affranchi un legs de 50, il sera donc écarté pour le tout par lui. Quant à l'étranger, il ne pourra pas se soustraire à la réduction... Nous verrons tout à l'heure quels textes justifient cette manière de calculer en viciant celle de Cujas.

L'erreur de Cujas vient de ce qu'il pense que par la découverte du legs de 120, les prélegs se trouvent réduits à 120 d'un côté et 20 de l'autre, tandis qu'ils restent de 180 et 50.

Son calcul est plus juste pour le cas où au lieu de legs ce sont des dettes qui surviennent.

* x et x' représentent le chiffre des réductions à opérer sur le legs et le prélegs.

modifications que la Falcidie pourrait appeler, et pour ce cas les derniers mots de la phrase indiqueraient la marche à suivre : voici quelle serait l'idée de Papinien, exprimée par les mots *propter actiones* (1) :

Il aurait assimilé le cas présenté dans la loi au legs qu'un testateur fait d'une hérédité qui lui est dévolue ; voici comment alors les choses se passent : je lègue à Primus l'hérédité de Secundus; Primus supportera les charges afférentes à cette hérédité qui existent encore à ma mort ; de même il profite des créances qui existent encore au profit de cette hérédité, des actions qui ne sont pas encore exercées (L. 76, § 1, *de legatis*, 2°). Dès lors on sent que des cautions pourront intervenir entre mes héritiers et Primus, à l'effet d'assurer aux premiers le remboursement de ce qu'ils auraient payé pour acquitter des charges de l'hérédité léguée et au second la restitution de ce qu'ils auraient pu recevoir des débiteurs de la même succession. Eh bien, ce même raisonnement peut parfaitement s'appliquer à l'espèce de la loi 78 ; en effet, il y a là deux masses de biens, la masse paternelle, la masse maternelle : chacune de ces masses comprend des dettes et des créances ;

---

(1) M. Pellat, Conférences de 1855 pour le premier examen du doctorat.

chacune d'elles doit appartenir, *telle qu'elle se comporte*, en entier à l'un des héritiers ; mais comme ils sont héritiers *æquis partibus*, il se peut que l'un paye des dettes qui grèvent la masse que doit avoir l'autre, et réciproquement ; ils devront alors se tenir compte mutuellement de ces déboursés, comme à l'inverse, de ce qu'ils auraient reçu à la décharge de débiteurs de la masse qu'ils ne doivent pas avoir : c'est pour assurer ces remboursements successifs et mutuels que devront intervenir les cautions ; ce sont ces actions relatives aux deux masses de biens, en vue desquels Papinien écrit *propter actiones*.

Cette explication ne viole en rien la règle suivant laquelle les héritiers sont héritiers *æquis partibus*, et doivent supporter également le passif de l'hérédité ; elle la suppose au contraire, car elle suppose que l'un est poursuivi pour sa part héréditaire (1/2) par des créanciers de la masse à laquelle est appelé l'autre ; ils sont donc bien tous deux héritiers *æquis partibus*, à l'égard des tiers ; ce n'est qu'entre eux qu'ils ne le sont pas ; mais ils ne le sont pas davantage dans le cas de la loi 35, qui leur attribue un émolument inégal : il est vrai que la loi 35 leur fait supporter le passif également même au point de vue de la *contribution*, tandis que la loi 78, suivant cette interprétation, ne

le leur ferait supporter que quant à l'obligation : mais cela tient uniquement à ce que la
loi 85 ne suppose qu'une seule masse, un seul
patrimoine; la différence de situation des biens
n'y est qu'un fait accidentel d'administration
de fortune, et laisse en dehors des prévisions
du testateur le passif, qui, ne se rapportant qu'à
une seule masse, se répartira également entre
ceux qui doivent se partager cette masse unique;
la loi 78, au contraire, suppose deux masses (le
mot *bonorum* est bien plus général que *rerum*
qui implique quelque chose de plus matériel,
et ne semble pas par conséquent comprendre
les droits actifs ou passifs) et par conséquent
deux passifs distincts ; c'est donc se conformer
à la volonté du testateur, ce que la loi 35 elle-
même exige, que d'attribuer tout un passif à
l'un, tout un passif à l'autre, et en même temps
c'est assez se conformer à la loi que de rendre
les deux héritiers débiteurs envers les tiers,
par parts égales : elle n'en exige pas davantage, et quand elle dit qu'ils sont héritiers
æquis partibus, elle ne se réfere qu'à l'*obligation* ; la contribution n'est soumise à la même
règle que quand le testateur n'a pas exprimé
la volonté contraire, comme dans la loi 35 ;
elle ne l'est pas quand il l'a exprimée, comme
dans la loi 78.

Reste la dernière phrase : *salva Falcidia sci-*

licet.... qui, en elle-même, est inintelligible et ne peut cesser de l'être que par la connaissance d'autres textes dont elle est une application.

Les choses étant ce que nous avons dit, il se peut qu'il y ait lieu d'appliquer la loi Falcidie, et voici comment.

Supposons que les biens maternels vaillent 100, les paternels 300, l'affranchi aura en tout 100 et Titius 300; mais ils sont héritiers chacun pour 1/2, c'est-à-dire pour 200; Titius reçoit donc de l'affranchi un prélegs de 150 et lui en fournit un de 50; chacun a son quart complet (l'affranchi a 50 *jure legati* et 50 *jure hereditario*), donc pas de réduction possible; mais supposons de plus qu'un legs de 100 existe, 50 à la charge de chacun des héritiers, la part tout entière de l'affranchi étant absorbée, il y a lieu à opérer la réduction; mais d'après quelles règles? c'est ce que vont nous apprendre, combinées avec la loi 78, *princip. fine*, les lois 74 et 22, *ad legem Falcidiam*. De ces lois, il résulte :

1° Qu'à l'égard des légataires dont un héritier veut réduire le legs, il peut ne pas imputer sur son quart le prélegs qu'il reçoit de son cohéritier, car c'est à titre d'héritier qu'il doit avoir son quart (L. 74);

2° Qu'à l'égard du cohéritier auquel il veut

faire subir la réduction du prélegs qu'il lui donne, il doit, au contraire, imputer sur son quart le prélegs que réciproquement il en reçoit (L. 22);

3° Enfin, que cette impossibilité de réduire le prélegs qu'il paye jusqu'à concurrence de celui qu'il reçoit, ne lui donne pas le droit de réduire en sus les legs étrangers de ce dont il n'a pas pu réduire le prélegs de son cohéritier (L. 22).

Avec ces trois règles, la compensation *ratione doli*, dont parle la loi 78, n'offre plus de difficulté. Reprenons notre hypothèse :

Le total des biens est 400
La part héréditaire de chacun est . . 200
____
L'affranchi a 100
Titius a 300
La Falcidie de chacun est de 50

Titius a sur ses 100, 50 *jure prælegati*, 50 *jure hereditario;* il ne peut plus rien avoir à payer sans que sa Falcidie ne soit entamée. Supposons un légataire étranger de 100, l'affranchi a dû lui payer 50; voilà donc sa part héréditaire 200 absorbée par le prélegs de Titius, 150, et le legs de 50; dès lors il a le droit de le réduire; régulièrement il devrait les réduire chacun de 1/4 de leur valeur, par conséquent le legs de 12,50, le prélegs de 37,50; eh bien, quand il voudra réduire le prélegs de Titius, celui-ci l'écartera en lui disant : dans les 100 qui composent les biens maternels, je vous fournis 50 comme prélégataire; à mon égard vous êtes tenu de les imputer sur votre quart (2ᵉ règle); entre nous la réduction s'est donc opérée *par compensation* jusqu'à due concurrence entre le prélegs que je reçois de vous, 150, et celui que vous recevez de moi, 50; en somme, vous ne me fournissez donc que 100; à mon égard, votre Falcidie n'est pas entamée. Mais à l'égard du légataire étranger, la réclamation de l'affranchi sera fondée; le légataire ne pourra pas lui objecter qu'il reçoit 100, que déduction faite du legs de 50, il lui reste 50, c'est-à-dire sa Falcidie intacte; l'affranchi lui répondra : ces 50 je ne les reçois pas à titre d'héritier, mais à titre de prélégataire, je ne suis donc pas tenu de les imputer sur mon quart à votre égard (1ʳᵉ règle, l. 74), je puis donc réduire votre legs; mais, à son tour, si l'affranchi veut, sous prétexte qu'il n'a rien *jure hereditario*, réduire le legs des 50 qu'il paye, il sera écarté pour 37,50 en vertu de la 3ᵉ règle : la réduction du legs ne doit pas s'augmenter de ce dont n'a pas été réduit le prélegs, ou plutôt ce prélegs a été réduit, par compensation, de 37,50; le légataire ne sera donc tenu que de rendre 12,50.

Il me semble impossible de mettre en doute

l'exactitude mathématique de ces calculs; il faut, par suite, admettre cette explication de la loi 78.

Enfin, si de plusieurs héritiers les uns étaient institués *ex certa re*, les autres purement et simplement, c'est-à-dire sans assignation spéciale d'objets, les premiers ne seraient que des légataires, les seconds seuls seraient héritiers, auraient toutes les créances, payeraient toutes les dettes de l'hérédité (1).

L'étude de ces règles conduit tout naturellement à se demander d'après quels principes, ordinairement, se fait le partage de l'hérédité entre plusieurs héritiers (2).

---

(1) Mais *quid* si ceux qui sont institués purement ne faisaient pas adition? Au premier abord, il semble que les autres n'auraient rien, car ils ne sont que légataires, et le legs ne peut valoir que s'il y a adition; nous dirons cependant que les institués *ex certa* seront alors héritiers, selon les règles des lois 1, § 1, et 45 et 78, *de her. instit.* La loi 12 au Code ne les institue légataires qu'à l'égard des autres institués en présence desquels elle les suppose : si ceux-ci n'existent pas, la qualification de légataires, que leur donne la constitution 12, n'a plus sa raison d'être; il faut alors leur conserver la qualité d'héritier que le testateur leur avait donnée. C'est là certainement l'esprit de la loi 12, Code, *de h. inst.* Fachinée, et un grand nombre de jurisconsultes qu'il cite, sont de cet avis; Merlin s'y range sans hésiter (*Inst. d'h.*, sect. 11).

(2) Cette question étant étrangère à mon sujet, l'on m'excusera, j'espère, de ne la traiter que superficiellement.

SECTION III.

Comment se divise l'hérédité entre plusieurs héritiers.

L'on sait qu'il est loisible au testateur de se donner autant d'héritiers qu'il en veut avoir ; mais comment se partagera, entre ces divers institués, l'hérédité à laquelle ils sont tous appelés, qu'aucun ne peut recueillir pour le tout (141, *de reg. juris*)? Si l'un d'eux fait défaut, que deviendra sa part? En vue de ces deux questions, il est utile de dire en quelques mots ce que c'est que la théorie des héritiers conjoints ou disjoints.

Il y a des héritiers institués dans une seule et même phrase, et destinés à recueillir ensemble une certaine part, soumis ainsi à un second partage entre eux : Pothier les nomme conjoints *verbis et parte :* que A soit mon héritier, que B et C soient mes héritiers, B et C sont conjoints *verbis et parte :* le signe de cette conjonction est la copulative *et ;* ils ne forment *qu'une seule personne* quant au partage, quant à l'accroissement, s'il y a lieu, à l'égard de A dont ils sont disjoints (L. 11 et 59, § 2, *de her. inst.*).

Si malgré la copulative *et* qui les réunit dans la même phrase, il était certain que le testateur n'a pas entendu les conjoindre, les réduire à ne former ensemble qu'une seule personne, à ne prendre qu'une seule part, les héritiers ne sont pas conjoints : c'est le cas de la loi 13 pr. de notre titre, de la loi 66, id.

A l'inverse, bien que la phrase ne semble pas les conjoindre, la volonté du testateur de les conjoindre peut se manifester par l'ensemble de l'institution, indépendamment de la particule *et*, et alors on décidera qu'ils sont conjoints (*parte tantum*) (L. 15, *h. tit.*). Ce sera là une question d'interprétation de volonté.

Les héritiers disjoints sont ceux qui ne sont pas conjoints *verbis et parte*, ou *parte tantum* (1).

Ces distinctions avaient un grand intérêt quant au partage de l'hérédité et quant à l'accroissement.

§ 1er. — Du partage de l'hérédité.

Lorsque le testateur ne s'est pas expliqué sur les parts que doit avoir chacun de ses héritiers, il indique suffisamment par ce silence que sa volonté est que leur position soit égale : aussi la loi les déclare-t-elle héritiers par égales portions (L. 9, § 12, *hoc tit.*).

Mais le testateur peut avoir manifesté une

---

(1) Pothier, *hoc titulo, ad Pandectas.*

volonté contraire : il faut la suivre, soit qu'il se soit formellement expliqué, soit que les termes du testament laissant planer quelque obscurité sur ses intentions, on ne les découvre que par des inductions plus ou moins certaines.

Deux cas sont à distinguer : 1° le testateur a-t-il assigné une part à chacun de ses héritiers ? 2° en a-t-il assigné seulement à quelques-uns d'entre eux, et non aux autres ?

1° Le testateur a assigné des parts à tous les institués.

Le principe, à cet égard, est que le testateur est libre de partager son hérédité en autant de parts, et d'en attribuer à chacun de ses héritiers tel nombre qu'il lui convient (L. 13, § 1). Mais la loi a imaginé une division de l'*as* (le patrimoine) en douze portions (onces) à laquelle on ramènera la division adoptée par le testateur toutes les fois que cela sera possible sans rien changer à la proportionnalité qu'il a établie entre ses héritiers, proportionnalité qui, dans tous les cas, doit être avant tout maintenue et respectée (L. 13, § 2; L. 13, § 6, 7; L. 15, § 1, *de her. instit.*) (1).

---

(1) Il ne sera possible de ramener à la division légale la division indiquée par le testateur, que lorsque l'augmentation ou la décroissance du nombre de parts assignées à chaque héritier, proportionnelle à la différence qui existe entre le chiffre adopté par le testateur et le nombre 12, donnera pour

Pas de difficulté quand le testateur aura à chacun de ses héritiers assigné un nombre déterminé de parts. L'addition de ces nombres fera connaître d'une manière certaine la division adoptée par lui. Mais les Romains avaient imaginé en même temps qu'une division légale, des dénominations particulières pour telle ou telle quote-part de l'*as* (L. 80, § 2, *hoc tit.*). L'embarras pouvait naître quand le testateur avait successivement employé ces dénominations, de manière à rester en deçà ou à aller au delà du nombre 12. C'était alors une question d'intention pour la décision de laquelle les jurisconsultes s'attachaient uniquement à

---

résultat un nombre entier d'unités, c'est-à-dire de parts pour chacun des héritiers.

Exemple : le testateur a divisé son hérédité en 18 parts : à l'un, 9 parts sont données; à l'autre 6; à l'autre 3; on peut réduire cette division à la légale, car on peut faire subir aux nombres de parts assignées une réduction telle que leur nombre nouveau soit à l'ancien ce que 12 est à 18 : on a pour l'un 6, pour l'autre 4, et pour le troisième 2:

$$6 + 4 + 2 = 12 \text{ et } 6 : 9 : : 12 : 18.$$
$$4 : 6 : : 12 : 18.$$
$$2 : 3 : : 12 : 18.$$
$$(\text{L. 13, § 2, 3, 4.})$$

Mais l'hérédité, divisée en 21 parts, était ainsi distribuée : 12 à l'un, 5 à l'autre, 4 à l'autre; il est impossible de ramener l'hérédité à la division légale, car il n'y a pas de nombre entier qui soit à 12 ce que 12 est à 21, à 5 ce que 12 est à 21, à 4 ce que 12 est à 21 (L. 13, § 6, 7; L. 15, §1).

la volonté du testateur, telle qu'elle résultait de l'ensemble de ses dispositions. Cette volonté était souvent difficile à saisir; par exemple, le testateur ayant institué Primus pour 6 onces, et Secundus pour 6 onces, institue ensuite Tertius pour 6 onces. A-t-il voulu partager son hérédité en 18 parts, ou bien, s'en tenant à la division légale, a-t-il voulu enlever aux deux premiers 6 onces pour les donner au troisième? Dans le premier cas, chacun des institués aurait un tiers de l'hérédité; dans le second, les deux premiers n'auraient ensemble que la moitié, et le troisième aurait l'autre moitié de l'hérédité. La loi 13 de notre titre consacre la première interprétation; la loi 23, Code, *de legatis*, semble, il est vrai, décider le contraire. Je pense, cependant, avec Doneau, qu'il n'y a pas là antinomie. La loi 23 suppose que le testateur a donné une chose à une personne et donne ensuite la moitié de *cette même chose*, qu'il *spécifie*, à une autre. Sa volonté ne peut pas s'entendre autrement qu'en ce sens, que la moitié de ce qui avait été donné au premier devra lui être enlevée; mais dans le cas de la loi 13, *de her. inst.*, sa volonté peut s'entendre en ce sens qu'il a voulu partager son patrimoine en 18 parts, et cela est bien plus naturel à penser que de croire qu'il a donné quelque chose à Primus pour le lui enlever immédiatement dans le même acte. La volonté était certaine dans l'espèce de la loi 23, *de legatis*, Code; on ne pourrait donc pas décider, comme dans la loi 13, *de her. inst.*, où cette volonté *a besoin d'être interprétée*, et où elle doit l'être dans son sens le plus naturel.

2° Le testateur a assigné des parts à quelques-uns des héritiers sans en assigner aux autres.

Ici encore c'est d'après la volonté du testateur que l'on se guide, et, dans le doute, il est présumé s'en être tenu à la division légale du patrimoine en 12 onces.

Plusieurs cas peuvent se présenter : il se peut que le testateur, dans l'assignation des parts faites à quelques-uns, n'ait pas atteint le nombre 12 : ceux qui sont institués sans part prennent alors ce qui reste de l'as et se le partagent également (L. 17, L. 78, § 2, *de her. instit.*).

Il se peut aussi que le testateur ait distribué 12 onces et ait ensuite institué un ou plusieurs héritiers sans part : il est alors présumé avoir divisé son hérédité en deux pesées de 12 onces chacune, et dès lors, calculant comme précédemment, on donne à celui ou à ceux qui n'ont pas reçu de part une autre pesée, c'est-à-dire 1/2 du patrimoine (L. 17, § 2, 3, 4) : conjoints quant à la part qui leur est laissée (au second cas), en ce sens qu'ils se le partageront entre eux tous, sans en avoir un pour chacun, il va sans dire qu'ils ne sont pas conjoints quant à l'accroissement (L. 17, § 2, 4, *id.* Voir pour un cas spécial la loi 53, *hoc tit.*).

Enfin, le testateur a peut-être dépassé le nombre 12 dans les parts assignées, et laissé un ou plusieurs institués sans leur en avoir assigné : on opère alors pour le second as déjà entamé, comme dans le premier cas pour le premier ; ceux qui sont institués sans part se partagent ce qui reste de la seconde pesée, du second as (L. 18, 87 ; 17, § 5, *de hered. instit.*). Toutes les fois, en effet, que le testateur a dépassé 12 onces, il *est présumé* avoir divisé son hérédité en 24, et ainsi de suite, de 12 en 12 onces, et avoir voulu laisser à ceux auxquels il n'assigne pas de part ce qui manque pour compléter la *pesée* nouvelle (deuxième, troisième, etc.).

Du reste, précisément parce que tous ces calculs ont pour base unique la volonté du testateur, pour savoir s'il a dépassé ou atteint le nombre de 12 parts dans la division de son patrimoine, et si par conséquent il y a lieu de le considérer comme divisé par lui en deux pesées au lieu d'une, il faut compter les parts assignées aux héritiers défaillants ou aux institutions nulles, car le testateur ne prévoyait

pas cette nullité ou cette inutilité de l'institution, et c'est en vue de l'hypothèse contraire
qu'il avait adopté une certaine division de son
patrimoine (L. 20, § 1; L. 47, § 1, *de her.
inst.*).

De même et par la même raison, l'assignation
de part peut résulter suffisamment, malgré quelques doutes à cet égard, d'une indication autre
que des chiffres; elle peut être indiquée par
équivalent (L. 59, § 1, *h. tit.*). C'est ainsi que
d'une manière générale la division elle-même
adoptée par le testateur peut être connue non-
seulement par suite d'une déclaration expresse,
mais aussi par induction et par équivalent
(L. 78, § 1, *h. t.*; 47, § *ult.*; procédé semblable,
de leg., 1°; L. 50, § 3).

§ 2. — De l'accroissement.

Ainsi se partage l'hérédité quand tous ceux
qui y sont appelés font adition et deviennent
héritiers; mais si parmi eux il s'en trouve qui
ne deviennent pas héritiers, pour quelle cause,
peu nous importe (1), que ferons-nous de la
part qui lui était attribuée, qu'il aurait dû
recueillir? En général, elle est attribuée à ses

---

(1) Mettre à part l'indigne, car il a été héritier : l'hérédité
lui est enlevée.

cohéritiers (L. 59, § 3, *h. tit.*), et c'est là ce que l'on a appelé le droit d'accroissement ; il est fondé sur la règle que nul ne peut mourir *testat* et *intestat :* sans lui, en effet, la part des défaillants ne pourrait être attribuée qu'à la succession légitime, ce qui s'opposerait à la règle ; que si l'on objecte que le droit d'accroissement existe en vertu des testaments militaires, où cependant la loi 7, *de reg. jur.*, ne s'appliquait pas, il ne sera pas difficile de répondre que le droit d'accroissement existait dans la législation dès une époque bien antérieure aux priviléges des testaments militaires ; qu'il a donc pu être une conséquence d'une règle alors générale et absolue même pour les testaments militaires, et s'y être maintenu comme principe lui-même, malgré l'abolition de la règle qui lui avait d'abord donné naissance.

Quant aux règles qui ont régi le droit d'accroissement, il faut, pour en avoir une idée suffisamment exacte, distinguer trois époques :

1° Époque antérieure aux lois caducaires ;

2° Celle où ces lois ont été en vigueur ;

3° Celle qui a suivi leur abolition.

Il y a aussi à distinguer si le défaillant avait des cohéritiers conjoints, ou s'il n'en avait aucun.

1° *Époque antérieure aux lois caducaires.*

Il n'y a aucun intérêt à attacher au mode et

à la cause de la défaillance qui donne ouverture au droit d'accroissement.

Il a toujours lieu au profit des cohéritiers au prorata de leurs parts héréditaires, en observant toutefois que si le défaillant était conjoint avec un ou plusieurs des cohéritiers, l'accroissement aurait lieu au profit de ces derniers, à l'exclusion de tous les autres (L. 20, § 2; L. 59, § 3, *de her. instit.*; L. 63, *id.*).

Un substitué du défaillant écarterait également tous ses cohéritiers, et si l'un de ceux-ci venait encore à défaillir, il viendrait sur sa part en concours avec les autres.

2° *Époque des lois caducaires.*

Nous avons vu que ces lois avaient exercé une immense influence sur la capacité de recueillir les hérédités et les legs : de là un grand nombre de dispositions testamentaires restant sans effet et donnant lieu à un accroissement; les lois Papia et Poppæa s'en emparèrent et en firent un moyen de plus d'atteindre le but social qu'elles s'étaient proposé. Voici, quant au droit d'accroissement, les modifications les plus saillantes qu'elles apportèrent à la législation qui les avait précédées (*Frag. Vatic.*, 214 et suiv.)

Elles remplacent le droit d'accroissement qui appartenait à tous les cohéritiers par un droit nouveau, *jus vindicandi caduca*, qu'elles attribuent *d'autorité* à certaines personnes qu'elles veulent particulièrement favoriser; les caducs proprement dits sont le résultat de déchéances nouvelles introduites par elles; quant aux déchéances antérieurement prononcées par le droit civil, elles donnent lieu aux *quasi-caducs*, les dispositions que frappent ces déchéances tombent *in causa caduci*. Quant aux nullités *ab initio*, elles restent soumises au droit ancien, (Heineccius); les déchéances nouvellement introduites sont celles de celui qui meurt avant l'ouverture des tablettes du testament, celles du *cœlebs*, à moins qu'il n'ait pas l'âge requis par la loi, ou qu'il ne se marie dans les cent jours qui suivent l'ouverture de la succession (Ulp. fr. XVII, § 1), et enfin celle de l'*orbus* jusqu'à concurrence de la moitié de la disposition.

Elles exceptent de leurs dispositions restrictives certains parents du testateur, ceux jusqu'au troisième degré, et leur laissent le *jus antiquum in caducis* (Ulp., f. 18).

Enfin (*Frag. Vat.*, 216, 217 218 et suiv.), elles exceptent encore de leurs rigueurs les parents et alliés, *orbi* et *cœlibes*, jusqu'au septième degré, mais avec une distinction singulière (1) :

---

(1) Elle résulte des paragraphes cités rapprochés des textes qui énumèrent ceux qui ont le *jus vindicandi*, et qui ne mentionnent pas ces parents.

ils peuvent recevoir par institution ou substi-tution, mais ils ne peuvent pas profiter de l'accroissement nouveau, du *jus vindicandi;* ils n'ont que le *jus capiendi ex institutione.*

Mais avec ce caractère nouveau, à qui pro-fite l'accroissement? Qui a le *jus vindicandi ca-duca?* Ce sont les cohéritiers *patres* (1), en com-mençant par les conjoints, les disjoints ne venant qu'après eux (Heineccius).

Ceux qui avaient le *jus antiquum in caducis* ne durent pas être oubliés. Ils ne purent jamais prétendre aux *caducs* proprement dits, pour lesquels il ne pouvait être question de droit antique; mais sur les quasi-caducs ils durent venir en concours avec les héritiers *patres.*

Ces lois, qui avaient pris dans la suite un caractère purement fiscal, furent abolies par Constantin.

Les anciennes règles sur l'accroissement ré-prirent leur cours, et tous les cohéritiers furent de nouveau appelés à se partager les parts des héritiers défaillants au prorata de leurs parts héréditaires. Mais il est une particularité im-portante, vraie et raisonnable à toutes les époques, c'est que l'accroissement a lieu, non pas au profit de la *personne,* mais au profit *de la*

---

(1) Analogie de ce qui était décidé pour les légataires (Gaius II, 206, 207, 208.)

part (*pars accrescit parti*), ce qui nécessite quelque explication. L'accroissement n'a pas lieu au profit de la personne *matérielle*, et l'héritier au profit duquel il a lieu serait mort au moment où la part de son cohéritier défaillit, s'il est mort *héritier*, après le *dies cedit* et l'adition, c'en est assez pour que l'accroissement ait lieu. Il n'a donc pas lieu pour la personne matérielle. A-t-il donc lieu pour la part matérielle? Pas davantage, et il n'existerait plus rien de ce qui a composé cette part, l'accroissement aurait encore lieu; c'est donc pour la personne juridique qu'a lieu l'accroissement, personne juridique qui ne meurt pas, qui est soutenue et continuée par l'hérédité jacente, puis par les héritiers de celui qui était héritier dans la succession dont une part est défaillie. C'est à la part juridique, « considérée en abs- « traction, comme droit, chose incorporelle , « déférée par le legs et attachée à la personne « juridique » (1). Il en résulte que l'accroissement a lieu à l'insu, et même malgré l'héritier au profit duquel il a lieu. Il n'en pouvait être autrement, car si le cohéritier avait pu rester héritier et ne pas accepter l'accroissement, le testateur eût pu être en même temps testat et intestat (L. 59, § 7, *de hered. inst.*; L. 31, § 53,

____

(1) M. Ortolan, Instit. expliq.

de adq. vel omit. her.). Il en résulte, enfin, que l'accroissement profite au fidéicommissaire et non au fiduciaire (L. 83, *de adq. vel omit. h.*) (1).

TITRE III.

Des modalités qui peuvent accompagner l'institution.

SECTION Ire.

De la cause et du mode.

I'on appelle modalité toute disposition accessoire à l'institution, et destinée à déterminer, à restreindre, à retarder ou à suspendre les effets qu'elle aurait produits si elle eût été pure et simple.

Les modalités principales qui, avec des distinctions, peuvent affecter une institution, sont : le mode, le cause, le terme et la condition.

---

(1) Ainsi conclut Pothier ; je dirais plutôt que la conséquence eût été logique d'attribuer l'accroissement au fiduciaire, qui est *stricto jure* héritier ; la loi 83 s'explique donc seulement par cette idée que n'ayant de l'héritier que le vain titre, il ne faut pas sacrifier à ce titre l'intention du testateur, mais le forcer aussi à restituer le fruit de l'accroissement, ou, ce qui est plus court, décider que l'accroissement a lieu *de plano* pour le fidéicommissaire.

« Le mode est une clause ajoutée à la dispo-
« sition, et qui oblige le gratifié à faire ou à
« donner quelque chose *après* qu'il aura reçu
« la libéralité » (M. Troplong, *Donat. et testam.*
1, 352 ; L. 17, *de cond. et dem.*). Le mode ne
suspend donc pas l'effet de la disposition ; mais
le gratifié donne caution de restituer à ceux auxquels il fait obstacle s'il n'obéit à la loi de la
libéralité (L. 18, même tit.) (1) ; mais quelquefois
le mode peut ne renfermer qu'un simple conseil qui n'engage pas le gratifié, et celui-ci dès
lors peut ne pas le suivre, sans pour cela cesser
d'être héritier (*de cond. et dem.*, L. 71) (2).

La cause est la raison qui a fait agir le testateur et qu'il fait lui-même connaître. En général l'adjonction de la cause est sans influence
sur l'effet de l'institution, comme sur celui du
legs (Ulp., fr. xxiv, § 19 ; *de cond. et dem.*, L. 17,
§ 2). Ce à quoi il faut s'attacher pour savoir si
l'institution produira son effet, c'est à ce fait
seul que le testateur *a voulu instituer* l'héritier ;
pourquoi l'a t-il voulu ? c'est là un motif dont
il peut garder ou révéler le secret, mais auquel

---

(1) On comprend qu'il sera souvent difficile de distinguer
un mode qui ne suspend pas l'institution d'une condition qui
la suspend : ce sera une question d'interprétation.

(2) On peut douter que le mode puisse s'appliquer aux institutions, parce qu'il a une grande analogie avec la condition
résolutoire... (voyez plus bas, page 189 et la note.)

la loi n'accorde aucune attention. Cependant cette décision ne reste pas sans tempérament ; les jurisconsultes comprirent qu'il y avait à distinguer entre la cause *déterminante* et le simple motif qui s'est confondu avec d'autres et n'a pas été seul à guider la volonté du testateur : la *cause déterminante* est-elle fausse, il est juste de dire que le testateur n'a réellement pas voulu instituer celui qu'il n'instituait que sous l'empire d'une erreur, seul mobile de son acte ; la justesse de cette observation n'échappa pas à la sagacité des prudents, et par une sage distinction introduite dans la règle de la loi 17 ci-dessus citée, et consacrée législativement, ils décidèrent que s'il était prouvé que le testateur n'avait institué son héritier que parce qu'il croyait à l'existence de la cause, qui en fait n'existait pas, l'institution serait sinon nulle *jure ipso*, du moins paralysée par l'exception de dol opposée aux réclamations de l'héritier, et tirée de ce que le testateur ne l'eût certainement pas institué s'il eût connu la non-existence de la cause (L. 17, §2 ; 72, §6, *de cond. et dem.* ; L. 92, *de her. inst.*).

SECTION II.

Du terme.

De toutes les modalités qui peuvent modifier

l'institution, les plus fréquentes sont les termes
et les conditions ; ce sont les plus intéressantes :
ce sont elles aussi qui, dans ce titre, doivent
particulièrement appeler notre attention.

Du terme.

Le terme apposé à un-acte est une modalité qui a pour but de fixer une époque déterminée à laquelle seulement cet acte devra
produire son effet. Il peut être de deux sortes :
certain ou incertain ; certain, quand son jour
est fixé d'avance, en sorte que rien ne peut
en hâter ou en retarder l'échéance ; incertain, quand, au contraire, le jour de son
échéance devant nécessairement arriver (1)
peut cependant être avancé ou reculé par la
réalisation plus ou moins prochaine, mais certaine, d'un événement prévu par les parties au
moment où elles font l'acte. Entre ces deux
termes, nous allons voir quel est l'immense
intérêt de distinguer, quant aux institutions.

§ 1er. — Du terme certain.

Il est possible que le testateur ait entendu

---

(1) C'est là ce qui le distingue de la condition.

que Titius soit son héritier *à dater de tel jour* (*dies a quo*), ou bien qu'il le soit jusqu'à tel jour, pour cesser de l'être à dater du même jour (*dies ad quem*). Dans l'un comme dans l'autre cas, sa volonté est inconciliable avec les principes du droit qui s'opposent à ce qu'il meure *partim testatus, partim intestatus;* si l'on respectait, en effet, cette volonté du testateur, il y aurait lieu, dans le premier cas, d'appeler l'héritier légitime jusqu'au terme, et, à dater de ce terme, l'héritier testamentaire; et dans le second cas, après que la succession testamentaire aurait été déférée pendant un certain temps (*usque ad diem*), il y aurait lieu d'ouvrir la succession ab intestat; la règle 7, *de reg. jur.,* repousse absolument l'une et l'autre éventualité; il est si vrai que cette décision de la loi 34, *de her. inst.* est fondée sur ce principe que si le testateur était militaire, n'étant plus soumis à la nécessité d'être absolument testat ou absolument intestat, il pourrait valablement imposer à l'institution un terme *a quo,* aussi bien qu'un terme *ad quem* (L. 41, *de testam. milit.*).

C'est le respect dû à la loi 7, *de reg. juris,* qui explique pourquoi cette différence existe entre le terme dans les institutions, et le terme dans les contrats; dans le contrat, en effet, le terme n'empêche pas l'obligation d'exister, il en suspend seulement l'exécution, on peut donc le respecter; dans l'institution, il empêcherait le titre de l'héritier d'exister soit avant soit après son échéance, il doit donc être effacé; c'est aussi la même nécessité qui explique pourquoi la condition, au contraire, peut valablement modifier l'institution : elle ne tend pas en effet à rendre le testateur *partim testatus, partim intestatus* : à tout instant elle peut se réaliser, à tout instant elle peut défaillir; il est donc possible à tout instant aussi qu'il y ait lieu d'ouvrir la succession testamentaire, ou la légitime; par suite tout est en suspens, l'on ne doit ouvrir ni l'une ni l'autre; l'événement seul pouvant incessamment se réaliser, décidera laquelle doit être déférée, mais il n'y aura jamais de déférée que l'une ou l'autre; c'est donc le caractère d'incertitude, constitutif de la condition, qui rend possible de respecter la volonté du testateur sans violer le droit; il en résulte la conséquence que j'en tirerai bientôt avec le paragraphe 9 des Inst., *de her. inst.*

Le terme certain ne peut donc pas être respecté dans une institution; mais que deviendra l'institution elle-même? La loi 34, *de her. inst.*, Dig., et § 9, Inst., *eod. tit.*, décident que le terme est biffé et que l'institution est pure et simple; vainement dira-t-on que les actes irrégulièrement faits sont nuls, qu'ainsi l'institution elle-même doit être tenue pour

non avenue..... La loi 34 se justifie par la saine
interprétation qu'elle fait de la volonté du testateur : celui-ci a voulu avoir pour héritier
celui qu'il a institué; la volonté de lui fixer un
terme n'est que secondaire, il a voulu par conséquent tout ce qui est nécessaire pour que
l'institué devienne héritier : il a voulu éventuellement la radiation du terme, puisqu'elle
est nécessaire (1). D'ailleurs, dans le doute, il
faut interpréter les actes et surtout le testament
dans le sens de la validité plutôt qu'en faveur
de la nullité (*ad s. c. Trebel.*, 16 pr.) ; et dans
les institutions et dans les legs, il faut s'attacher
non-seulement à ce qui est écrit, mais encore
à la volonté du testateur (L. 0, pr., Dig., *de her.
inst.*; 3, *de reb. dub.*; 12, *in fine, de leg.*, 1°) (1).

§ 2. — Du terme incertain.

J'ai dit plus haut que la possibilité de respecter la condition mise à l'institution tenait à
son caractère d'incertitude, qui empêchait que
la règle fameuse *nemo pro parte...*, ne fût vio-
lée; si donc le terme était tel qu'il eût lui-même
ce caractère, il faudrait le maintenir à l'égal
de la condition ; c'est ce qui aura lieu toutes les

---

(1) Donneau.

(2) La loi 77, *de reg. juris*, n'offre pas non plus un argument sérieux contre la loi 34, car elle est limitative très certainement, et ne mentionne pas le testament.

fois que le terme sera incertain, par exemple :
Que Titius soit mon héritier quand Mævius
mourra. C'est là un terme incertain et non une
condition, car il est certain que Mævius mourra ;
l'époque seule de sa mort, l'échéance du terme
est seule incertaine. Dans les contrats, il n'y a
nul intérêt à distinguer ce terme du terme
certain, car les droits résultant des contrats
s'ouvrent utilement dans la personne des héritiers de ceux qui ont été parties au contrat ;
l'on stipule et l'on s'oblige pour soi et ses héritiers (L. 9, *de probat.*). Le *dies incertus* n'a donc
aucun caractère d'incertitude qui tienne en
suspens l'éxistence même du droit dont il ne
suspend que l'exécution ou mieux le *dies cedit...* Mais il en est tout autrement dans les
testaments ; le droit à l'hérédité ne peut s'ouvrir utilement que dans la personne de l'institué lui-même ; pour prendre le même exemple,
si Mævius meurt avant Titius, le droit pourra
s'ouvrir pour Titius, mais il ne pourra s'ouvrir
qu'à cette condition, et nullement si Titius
meurt avant Mævius. Mais c'est là un événement
incertain, que la survie de Titius à Mævius ; le
prédécès de Titius est une véritable condition ;
le testateur venant à mourir quand l'un et
l'autre vivent encore, il n'y a aucun lieu de
déférer la succession testamentaire, car elle ne
doit l'être que quand Mævius sera mort (Titius

étant vivant), et il n'y a pas non plus lieu à déférer la succession ab intestat, car chaque instant peut amener l'échéance du terme, ou, pour être plus exact, l'événement de la condition qui donnera ouverture à la testamentaire. Le terme incertain, qui dans les contrats agit à la manière du terme certain, agit donc dans les testaments à la manière des conditions, et c'est pour cela qu'il est respecté; c'est ce que les textes expriment quand ils disent que *dies incertus in testamento conditionem facit* (1) (L. 75, *de condit. et dem.*, 79, § 1, même théor. appl. aux legs, pour la même raison ; 56, *de her. inst.*, 9; Code, *eod. tit.*).

Il est à remarquer qu'un terme, fût-il certain, était respecté s'il était apposé à un legs. Les règles du droit n'avaient pas alors à en souffrir. Le legs est moins plein, mais le testateur qui pouvait ne pas faire la libéralité ne peut-il pas, *a fortiori*, mettre à cette libéralité telle restriction qui lui paraît convenable ?

---

(1) Il se pourrait que le terme fût incertain, et cependant ne dût pas être respecté; il en est ainsi quand le jour de son échéance étant indéterminé, il est cependant certain qu'il arrivera, *vivo instituto*; il ne fait pas alors condition, partant il doit être rayé. La règle est celle-ci : « Fait-il condition, il faut le respecter; ne fait-il pas condition, fût-il incertain, il faut le rayer » (exemple, note 1, page 138).

quelle loi pourrait en cela gêner sa volonté, son caprice même (1)?

DE LA CONDITION.

SECTION III.

De la condition dans les institutions.

La condition est, on le sait, un événement futur et incertain duquel dépend l'existence d'un droit; et, dans les testaments, l'effet de l'institution.

§ 1er.

Les conditions qui peuvent être apposées aux institutions sont de plusieurs sortes. Sans entrer dans le détail des nombreuses classifica-

---

(1) C'est ce qui explique pourquoi les textes nous disent qu'on lègue inutilement la *liberté* ou l'*usufruit* pour le moment où le légataire mourra (L. 17, *de manumiss. test.*; L. 81, *de usuf. et quemad.*); il faudrait, en effet, attendre l'arrivée du terme, et alors le legs ne pourrait plus produire aucun effet : il est donc inutile. Mais tout autre legs serait utile, car au moment où l'on meurt, on vit encore; le *dies cedit*, peut-on dire, a lieu du vivant du légataire, donc il acquiert ce legs et le transmet à ses héritiers (L. 79, *de cond. et dem.*).

De même, l'institution de l'héritier pour le temps où il mourra (*cum ipse morietur*) est valable, mais valable comme pure et simple; en effet, le *terme ici ne fait pas condition*, car il arrivera certainement utilement du vivant de l'institué; dès lors, il doit être effacé (L. 34, *de h. inst.*).

tions qui en ont été faites par plusieurs jurisconsultes, et notamment Furgole, on peut dire
que les divisions les plus ordinaires et les plus
importantes des conditions sont celles qui les
distinguent en potestatives, casuelles, mixtes;
suspensives, résolutoires; affirmatives, négati-
ves; possibles ou impossibles; honnêtes, illi-
cites.

La division des conditions en suspensives ou
résolutoires ne me semble pas avoir d'application dans la matière des *institutions*, car, en présence de la maxime : *Semel heres semper heres*,
et celle de la loi 7, *de reg. juris*, je ne vois pas
comment pourrait agir la condition résolu-
lutoire (1).

Plus importante est la distinction entre les
conditions potestatives, casuelles, mixtes ; entre
la potestative et la casuelle, nous verrons plus
loin un intérêt immense quant à l'institution
du fils de famille en puissance, et nous verrons
aussi que la condition potestative absolument
de la part d'un tiers vicie l'institution. La distinction entre la condition mixte et les deux
autres présente de l'intérêt au point de vue de
leur accomplissement (L. 84, *de leg.*; L. 81, *de
cond. et dem.*).

Entre la condition affirmative et la négative,

----

(1) A moins de lui supposer un effet rétroactif.

il y a, au point de vue *de la validité* de l'institution, le seul qui nous occupe, un intérêt à les distinguer, lorsque la condition est d'une chose malhonnête; si elle est de la faire, elle est illicite et par suite effacée; si elle est négative, et si d'ailleurs le fait dont elle fait à l'institué une obligation de s'abstenir n'est pas puni par les lois, elle est utilement ajoutée à l'institution, car *nihil vetat nos ad virtutem præmio duci*. Si elle est affirmative et a pour objet un fait licite et honnête, si ce fait n'est pas prescrit par la loi, la condition est utile; mais si elle l'est, la condition n'est pas illicite, sans doute; mais l'institué ne pouvant être récompensé pour le seul accomplissement du *devoir* que la loi lui imposait, il faudrait, je crois, décider que l'institution est nulle; on verrait là une sorte d'injure que le testateur fait à la loi, en supposant qu'elle a besoin, pour être exécutée, du stimulant de la cupidité (1).

Quant à l'influence des conditions sur l'institution, la plus curieuse distinction à en faire est celle entre la condition possible et la condition impossible. La condition possible produit tout son effet suspensif; quant à la condition impossible, elle est tenue pour non écrite : on

____

(1) Ce n'est qu'avec une grande réserve que j'avance cette proposition.

la traite comme le terme certain ; on l'efface, et la disposition vaut comme pure et simple (Inst., *de her. inst.*; L. 1, Dig., *de cond. instit.*; L. 3, *de cond. et dem.*); mais cette décision avait fait quelque doute, et avait prévalu malgré les scrupules des Proculéiens qui annulaient la disposition (1) (*Gaïus*, III, § 98).

L'impossibilité de la condition peut être naturelle, physique, matérielle ; elle peut n'être que civile (2), ne résulter que des prohibitions de la loi, des exigences des bonnes mœurs ; elle produit toujours le même effet : elle est effacée, et rend l'institution pure et simple (L. 9, 14, *de condit. instit.*).

Beaucoup ne comprennent pas la différence qui, sur ce point, sépare les obligations des dispositions testamentaires ; mises de côté comme non écrites dans celles-ci, elles vicient et annulent entièrement celles-là : Gaïus lui-même (C. 3, § 96) avoue qu'on n'en peut rendre une raison satisfaisante ; si, dans un contrat, la volonté des deux parties a été de faire un acte nul quand elles y ont inséré une condition im-

---

(1) La condition potestative, mais impossible ou illicite, imposée au fils, annule son institution elle-même, parce qu'elle est alors considérée comme non potestative.

(2) Et c'est en quoi la condition illicite se confond avec l'impossible, la licite avec la possible.

possible, dans le testament la volonté du testateur a fait autant que les deux volontés réunies. Sans discuter ici ce point délicat, je dirai que cette argumentation ne me paraît pas solide; le testateur a certainement voulu avoir pour héritier l'institué; que par une idée bizarre et peut-être fréquente à Rome, il ait mis à l'institution une condition extravagante, c'est peut-être une plaisanterie dont le contraste avec les pensées de la mort flatte un point d'honneur mal entendu... C'est, en tous cas, une volonté accessoire, inconciliable avec la principale, et qui, par conséquent, de l'aveu même du testateur, doit lui être sacrifiée; les lois 16, *ad s. c. Trébel.*; 12, *de reg. juris;* 24, *de reb. dub.*, nous en font un devoir. Que si la condition impossible annule une obligation qui lui serait subordonnée, c'est que celui qui s'oblige s'efforce de restreindre son obligation; son but, en proposant une telle condition, a été de ne pas être obligé. Le futur créancier, en l'acceptant, a consenti à la nullité de l'acte; d'ailleurs, dans le doute, il faut toujours se décider en faveur de celui qui serait débiteur; annuler l'obligation subordonnée à une condition impossible, c'est donc se conformer à la volonté des parties et de la loi; mais le testateur veut, au contraire, gratifier : dans le doute annuler la disposition serait donc aller contre ses désirs; la confirmer, c'est seulement y obéir (1) (L. **24**, *de reb. dub.* ; 12, *de reg. juris*).

Il est donc vrai de dire que toute condition peut être ajoutée à une institution, sauf à ne pas être respectée, comme il vient d'être dit pour la condition impossible ou illicite ; c'est là une règle très-générale, mais elle n'est pas absolue.

Des exceptions lui sont imposées, en ce sens que certaines conditions, au lieu d'être simplement effacées, entraînent la nullité de l'institution elle-même ; je veux surtout parler des cas particuliers de l'institution conditionnelle du fils de famille, *par son père*, de la condition laissée à l'arbitraire d'un tiers, sauf sur ce cas controverses, et de la condition captatoire.

De l'institution conditionnelle du fils de famille.

Le testament d'un père devait toujours fixer d'une manière certaine la position du fils qu'il a en puissance ; il fallait que ce fils fût *exhérédé*, ou *institué;* mais le testament qui l'eût omis était nul ; d'après cela, il est clair que s'il est institué sous une condition, cette condition venant

---

(1) *Quid* si le testateur ignorait l'impossibilité de la condition ? Réponse, aux positions.

à défaillir, le fils ne se trouve ni institué ni exhérédé ; il est omis, le testament est nul (L. 4, Code *de instit. et substit.*, 6, 28). Les Romains avaient donc posé en principe que le fils en puissance ne pouvait pas être institué sous condition par son père ; mais comme il y a certaines conditions qui, à bien dire, *ne peuvent pas défaillir, mais sont seulement négligées*, selon les expressions de Cujas (*ad leg.* 28, *de lib. et posth.*), on avait admis que le fils pourrait être valablement institué sous une condition semblable ; ce sont les conditions potestatives de sa part (L. 4, *de her. instit.*).

Supposons donc un fils institué sous une condition protestative de sa part, et dont l'accomplissement ne soit pour lui, ni difficile, ni dangereux (L. 4, § 1, *de her. inst.*; L. 4, Cod. *de instit. et subst.*), l'institution est valable, alors même qu'il n'est point exhérédé pour le cas où la condition défaillirait ; il ne sera considéré comme omis dans aucun cas, car il ne doit pas dépendre de lui de rendre son père intestat, en négligeant d'obéir à la condition, cela est constant et incontesté (L. 4, *de her. inst.*; L. 86, *eod. tit.*); cela résout la question délicate de savoir si cette institution produira son effet, non-seulement si le fils obéit à la condition, mais encore s'il décède sans l'avoir accomplie. Julien l'écarte dans tous les cas, et admet son cohéritier, s'il en a un, à l'hérédité, sans l'astreindre à attendre que le fils obéisse à la condition; sans quoi, ce serait permettre au fils de rendre son père intestat (L. 4, *de her. instit.*).

Quant à celui que le père a substitué à son fils institué sous condition potestative, il ne pourra pas venir à l'hérédité du père, du vivant du fils, mais seulement après sa mort, quand il ne pourra plus accomplir la condition qui lui est imposée (sauf la distinction de la loi 28, *de cond. inst.*, ci-dessous, page 146).

Que si le fils n'a ni cohéritier ni substitué, comment se passeront les choses? S'il obéit à la condition, il devient héritier *ex testamento;* s'il ne lui obéit pas, il sera héritier ab intestat, mais avec une distinction bizarre: la condition était-elle de nature à ne pouvoir pas être accomplie par lui au dernier moment de sa vie, elle se trouve nécessairement défaillie avant son dernier soupir, car il est certain avant ce dernier soupir qu'elle ne sera pas accomplie; est-elle, au contraire, de nature à pouvoir être accomplie au moment même où le fils rendra le dernier soupir, il ne sera ni héritier *ex testamento,* puisque la condition ne s'est pas accomplie, ni héritier ab intestat, puisque, lorsqu'elle est défaillie, il n'était plus vivant (L. 5, *de her. inst.*) (1). Il ne transmettra donc pas à son propre héritier l'hérédité de son père (2).

La même distinction devrait même être appliquée pour le cas où le fils a un substitué : selon que la condition de son institution peut ou ne peut pas être accomplie au dernier moment de sa vie, le substitué peut ou ne peut pas être appelé à l'hérédité du vivant du fils (L. 28, *de cond. instit.*; L. 4, § 2, *de her. instit.*).

Jusque-là, pas de difficulté sérieuse; mais que décider si le fils a été institué sous une condition casuelle (3)? Les textes nous disent que cette institution n'est pas valable (*jure non testatur*, L. 4, Code *de instit. et subst.*; *testamentum ratum non est*; L. 28, *de condit. inst.*). J'en conclurai donc que le père mourra intestat, alors même que la condition serait accomplie avant la mort du fils, contrairement au sentiment de M. Ducaurroy, qui pense que l'institution de-

---

(1) Il est important de remarquer que la loi 8 suppose que le fils n'a ni cohéritier ni substitué, sans quoi la première de ces décisions semblerait contredire le *principium* de la loi 4 ci-dessus. Dans le cas de la loi 8, il est impossible qu'en négligeant d'accomplir la condition, le fils ne rende pas le père intestat.

(2) Ce qui n'empêchera pas que le père ne soit mort intestat, mais il aura pour héritiers ab intestat ceux que le fils eût écartés (L. 28, *de condit. instit.*, *in fine*).

(3) La condition potestative, mais impossible, ou difficile ou dangereuse à accomplir, lui a été assimilée.

viendrait valable, si la condition se réalisait *vivo filio* (Inst., expl. sur le § 11, *de her. inst.*).

Mais si, voulant assurer dans tous les cas le sort de son testament, le père institue son fils sous une condition et l'exhérède sous la condition contraire, c'est-à-dire pour le cas où la condition ne s'accomplirait pas, il semble que l'institution est à l'abri de toute nullité éventuelle; institué pour un cas, exhérédé pour l'autre, le fils n'est omis pour aucun; l'institution doit donc être valable, elle l'est en effet (L. 4, Cod., *de instit. et substit.*; L. 86, *de hered. inst.*). Mais produira-t-elle son effet? A ne consulter que ces deux textes, l'affirmative serait décidée toujours; mais la loi 28, *de lib. et posth.*, qui les complète, réclame une distinction : si la condition se réalise ou défaillit du vivant du fils, l'institution ou l'exhérédation produira son effet; mais si elle ne se réalise que lorsque le fils est déjà décédé, il est vrai de dire que sa position n'a jamais été fixée par le testament, qu'il a été omis, que, par suite, le testament est nul et que le fils est mort héritier ab intestat de son père (1) (loi 28, *de lib. et posth.*).

___

(1) Et ce, bien que la condition, par cela seul qu'elle est casuelle, puisse se réaliser au moment même où le fils rend le dernier soupir ; il faut donc écarter ici la distinction de la

Les lois 22 et 24, même titre, confirment certainement cette combinaison des lois 86, *de her. instit.*; 4, *de instit. et substit.*, Code; 28, *de liberis*. Il faut y joindre aussi la loi 3, § 1, *de liberis et posth.*, dont le sens, en apparence absolu, s'explique par les autres textes; le mot *pure* veut dire qu'il est impossible de garantir à l'avance la validité d'une institution ou d'une exhérédation du fils, quand elle dépend d'une condition non potestative de sa part.

Ces règles singulières, mais qui ne sont que les conséquences naturelles des principes sur la nécessité de l'exhérédation ou de l'institution des fils que le testateur a en sa puissance, ne furent jamais appliquées aux autres personnes qui, elles aussi, doivent être exhérédées ou instituées pour que le testament soit valable, c'est-à-dire le petit-fils et ceux dont la loi Velleia a permis l'institution; malgré l'assimilation en d'autres points de leur position avec celle du

---

loi 28, *de cond. instit.*; cela s'explique, parce que dans le cas de cette loi 28 la condition étant potestative, l'institution devait toujours produire son effet (L. 4, pr., § 2), tandis que l'institution et l'exhérédation étant faites sous une condition casuelle, l'institution ne devait produire effet que dans un seul cas, celui de la survie du fils à l'événement de la condition; par la même raison s'appliquerait encore, avec Cujas, la décision de Tryphoninus, alors même que le fils aurait un substitué ou un cohéritier.

fils, ils purent toujours être institués sous toute espèce de condition (L. 4, 6, § 1, *de hered. instit.*). Sans doute, si la condition casuelle de leur institution défaillit, il se trouve que le testament les a omis et qu'ainsi le testateur meurt intestat : mais si elle se réalise, ils sont héritiers *ex testamento*,... leur institution se trouve valable, tandis que si la condition casuelle avait été mise à l'institution du fils, nous avons vu que la condition vînt-elle à se réaliser, le testateur n'en serait pas moins intestat (Doneau). C'est là une dernière trace des différences qui, jadis, avaient distingué le fils des autres descendants, quant à l'exhérédation. Il me semble, enfin, que cette différence en entraîne une autre, par voie de conséquence : c'est que la loi 28, *de lib. et posth.*, ne s'appliquerait pas au petit-fils institué sous une condition, *si navis ex Asia venerit*, et exhérédé sous la condition contraire, *si non venerit.*

De la condition subordonnée à la volonté d'un tiers.

La loi 68, *de heredibus instituendis*, met en relief cette seconde restriction à la liberté des conditions dans les testaments. Tout dans le testament doit émaner de la volonté du testateur, et non d'une volonté étrangère à la

sienne; aussi une institution conçue en ces
termes : j'institue ceux que Titius voudra, est-
elle nulle et de toute nullité (L. 32, *h. tit.*). Il
en est de même de celle-ci : j'institue Mœvius,
si Titius le veut (L. 68); cette condition : si
Titius le veut, au lieu d'être simplement efficace, entraîne la nullité de l'institution elle-
même; à la vérité, faite sous cette condition : si
Titius monte au Capitole, l'institution est valable, bien qu'elle dépende également de la
volonté d'un tiers; c'est qu'en effet, certaines
conditions expressément formulées vicient le
testament, qui, sous-entendues, produisent au
contraire leur effet; c'est ainsi, pour citer le
même exemple que le texte, qu'une exhérédation est valable si quelqu'un est héritier, et
cependant elle serait nulle si elle était faite
sous cette condition : « Que Titius soit mon héritier, et s'il l'est, que mon fils soit exhérédé.»
En effet, le testament ne peut valoir que si le
fils est valablement exhérédé, et d'après les
termes mêmes, il faudrait au contraire, pour
que le fils fût déshérité, que le testament fût
d'abord valable et précédât l'exhérédation, ce
qui est impossible; c'est cette idée qu'exprime
ce brocard, sur lequel j'aurai à revenir : *expressa nocent, non expressa non nocent* (195, *de
reg. juris.*). Ces conditions sont celles dont Doneau dit : *lex vetat imprimi, non vetat adjici*

(*Dr. civ.*, XIX, XI°), et non celles que la loi réprouve d'une manière absolue, qu'elles soient exprimées ou sous-entendues, qu'elles soient ajoutées ouvertement en violation, ou, par un détour, en fraude de ses dispositions, car les deux cas sont semblables (arg. L. 5, Cod., *de legib.*). Ce sont aussi ces conditions qui, exprimées, vicient l'acte, et sous-entendues lui laissent toute sa validité et produisent leur effet, auxquelles se réfère la loi 77, *de reg. juris*.

La même règle de la loi 68 est reproduite en matière de legs par la loi 52, *de condit. et dem.*, ainsi conçue. « Nonnunquam contingit « ut quædam nominatim expressa officiant, « quamvis omissa tacite intelligi potuissent nec « essent obfutura : quod evenit si alicui ita le- « gatur : *Titio decem do lego, si Mævius Capi- « tolium ascenderit* ; nam quamvis in arbitrio « Mævii sit an Capitolium ascendat, et velit « efficere ut Titio legatum debeatur, non tamen « poterit aliis verbis utiliter legari, *si Mævius « voluerit, Titio decem do ; nam in alienam vo- « luntatem conferri legatum non potest.* Inde « dictum est : expressa nocent, non expressa « non nocent. »

A cette règle qu'un legs ne peut être subordonné à la volonté d'un tiers s'opposent victorieusement en apparence deux textes dont l'autorité semble d'autant plus grande qu'ils appartiennent précisément aux titres *de legatis ;* ce sont la loi 43, § 2, *de legatis* 1°, et la loi 1, pr., *de legatis* 2°.

L. 43, § 2 : « Legatum in aliena voluntate « poni potest; in heredis non potest » (Ulp.).

L. 1, pr. : « In arbitrium alterius conferri le-« gatum, veluti conditio, potest; quid enim in-« terest si Titius Capitolium ascenderit, mihi « legatur, an si voluerit ? » (Ulp.)

Malgré ce que ces lois et surtout la première ont d'absolu, il ne semblait pas à Cujas qu'elles fussent en opposition positive avec la loi 52 ci-dessus ; il remarque que ces deux lois sont du même jurisconsulte, Ulpien ; la pensée qu'elles expriment est donc la même, et la seconde, moins brève, est le commentaire de la pre-mière ; suivant Ulpien, un legs (1) peut être subordonné à la volonté d'un tiers *comme à une condition,* c'est-à-dire quand cette volonté peut être considérée comme une véritable con-dition, et n'est pas seulement un simple *nutus,* quand elle peut être assimilée à ceci : si Titius monte au Capitole, ce qui implique autre chose que la volonté nue de celui qui doit remplir la condition.

Cependant la contexture de la seconde phrase

---

(1) Il est clair que ce qui est vrai du legs l'est de l'insti-tution.

de la loi 1, pr., me ferait volontiers rejeter cette interprétation, qui tend à concilier le texte d'Ulpien avec celui de Pomponius. Ulpien assimile le cas où le testament subordonne la disposition à la condition : *si Titius voluerit*, à celui où il la subordonne à celle ci : s'il monte au Capitole ; selon lui il n'y a aucune raison de distinguer les deux hypothèses : la loi 1, pr., est formelle à cet égard. Pomponius, lui, dans la loi 68 de notre titre, les distingue et je crois avec grande raison ; autre chose est dire : si Titius veut, autre chose est dire : si Titius fait tel voyage, va à Athènes : sans doute il dépend de lui de faire le voyage, mais que d'obstacles, sa mort, la guerre, la destruction d'Athènes, etc., peuvent l'empêcher de remplir la condition qui cependant était potestative de sa part! Au contraire, l'accomplissement de la première condition étant un fait purement et absolument intellectuel, rien ne peut s'y opposer ; les deux conditions sont donc loin d'être semblables, ou du moins identiques, et l'on conçoit à merveille que l'une devra être respectée tandis que l'autre non-seulement sera rayée, mais encore annulera complétement la disposition qui, avec elle, ne serait plus que l'œuvre d'une volonté étrangère au testateur ; tel est l'avis de Pomponius ; mais Ulpien se refusait à admettre ces conclusions qu'il trouvait trop subtiles et qui

n'étaient pourtant que justes ; ce dut être là
une question longuement controversée (non
entre Pomponius et Ulpien, qui vivaient à près
d'un siècle l'un de l'autre) ; la similitude des
exemples cités dans les deux textes confirme
cette conjecture, et Modestin, ayant peut-être
sous les yeux l'avis de ses deux illustres prédé-
cesseurs, prit dans la loi 52, *de cond. et dem.*,
le parti de Pomponius (1). — (Voir aux positions.)

Institutions captatoires.

Enfin, la facultépour le testateur de mettre à
l'institution telle condition qu'il lui plaît souffre
une dernièreatteinte par les règlesrelativesà ce
que les Romains ont appelé institutions captatoires.

Les institutions captatoires ont été prohi-
bées par un sénatusconsulte que les glossateurs
ont faussement cru être le sénatusconsulte Libo-
nien ; ce dernier concernait la fraude des

---

(1) Néanmoins, le § 1er de la loi 1, *de legatis* 2o, semble
bien indiquer que les mots *si voluerit*, dans la pensée d'Ulpien, ne veulent pas dire un simple caprice, mais bien *arbitrium boni viri*, et n'ont pas le même sens que dans la loi 68,
de her. inst., ou 52, *de cond. et dem.*, ce qui tendrait, en effet,
à rapprocher son opinion de celle de Pomponius. Mais celle
de Pomponius serait encore plus exclusive, en ce qu'elle rejet-
terait la condition : *si Titius voluerit*, absolument, sans y
voir, comme Ulpien, la condition sous-entendue qu'il décidera en homme de bien.

scribes qui, écrivant un testament sous la dictée du testateur, y insèrent des dispositions en leur propre faveur : ce n'est pas là ce que l'on nomme une disposition captatoire.

Qu'est-ce donc au juste qu'une institution captatoire ? C'est celle dont la validité, dans la pensée du testateur, est subordonnée à un avantage de même nature dont il veut être l'objet ou faire profiter un autre, de la part de l'institué ou d'une autre personne ; c'est une institution qui n'est pour lui qu'un moyen de capter une hérédité étrangère (je suis forcé de définir le mot par le mot lui-même ; mais c'est qu'en vérité la captation se comprend plus qu'elle ne se définit), en mettant l'institué dans l'alternative ou de renoncer à celle qui lui est offerte, ou d'accomplir la condition qui lui est imposée, savoir : l'institution par lui ou par une autre personne désignée dans le testament, du testateur lui-même ou d'une autre personne également désignée dans le testament.

Tel est le trait qui caractérise une institution captatoire, qui la rend nécessairement telle, mais dont l'absence empêche qu'elle ne puisse être soupçonnée d'être entachée de cette qualité vicieuse.

Définir ainsi l'institution captatoire, c'est rejeter l'idée que les très-vieux interprètes du droit romain s'en étaient faite, quand ils tenaient pour captatoires les institutions subordonnées à une condition potestative de la part d'un tiers... *si Titius voluerit;* Cujas et Doneau flétrissent une semblable ignorance du droit, et le dernier surtout, s'attachant à démontrer qu'il n'y a rien là qui porte trace de captation, fait remarquer que les anciens ont toujours soigneusement distingué les institutions captatoires des institutions soumises à la condition *si Titius voluerit;* sans doute les unes et les autres sont nulles : mais pour les secondes la nullité est la conséquence du principe que le testament ne vaut que par la volonté du testateur; et telle a été la différence qui toujours fut faite entre les deux espèces d'institutions, qu'en parlant des unes, les textes évitent même de parler des autres ; quant aux expressions *secretum alienæ voluntatis* que nous voyons dans la loi 70, *de her. inst.*, Dig., elles veulent dire la volonté dernière, *supremum judicium*, qui reste en effet secrète comme le testament qui la renferme, alors même qu'elle aurait été déclarée devant des témoins (testament nuncupatif), car elle a pu être changée.

Le testament nuncupatif a pu être révoqué et remplacé par un testament postérieur et resté secret ; la volonté du défunt est en effet vacillante (*ambulatoria*) jusqu'à son dernier soupir (1) (L. 4, Dig., *de adm. vel trans. leg.*, Doneau).

Il reste donc certain que l'institution n'est captatoire qu'autant qu'elle tend à violenter la volonté d'autrui et à provoquer une institution qui soit l'accomplissement d'une condition mise à la première : Que Titius soit mon héritier à condition qu'à son tour il me fera son héritier. Titius alors, afin de ne pas perdre cette hérédité éventuelle, se hâtera d'instituer le testateur. Sa volonté à cet égard n'est pas spontanée ; le meilleur moyen de lui laisser toute sa liberté morale est d'annuler l'institution dont il est l'objet ; la sachant nulle, il se gardera de rien faire de ce qui serait pour lui sans profit éventuel. La loi 1, *de his quæ pro non scriptis hab.*, nous offre un autre exemple d'institution

---

(1) Les institutions réciproques ne sont pas non plus captatoires quand elles sont fondées sur l'affection mutuelle (L. 70, *de her. inst.*) ; la seconde, en effet, n'était pas une condition de la première, qui serait restée valable sans elle ; la première a pu être *le motif* de la deuxième, mais la volonté du second testateur est restée parfaitement indépendante, et comme dans les conditions il faut avant tout consulter la volonté, une institution mutuelle pourrait n'être pas annulée, alors même qu'elle aurait la forme extérieure de la captation ; que A soit mon héritier pour la même part que celle qu'il doit m'assigner, s'il était prouvé qu'elle n'a pour cause que l'affection ; elle pourrait, en effet, résulter d'arrangements de famille. Ce serait, je pense, une question de fait.

captatoire : Que Titius soit mon héritier pour la part dont *il me fera* le sien.

L'institution est encore captatoire si l'hérédité captée est celle d'un autre que de l'institué ; celui-ci s'efforcerait en effet de déterminer la volonté de cette personne : c'en est assez pour annuler l'institution. De même est nulle celle-ci : Que Titius soit héritier s'il institue Mævius, ou si Sempronius institue Mævius... Dans tous ces cas il y a captation, et dès lors même raison de déclarer nulle l'institution que dans le cas plus simple et plus fréquent où le testateur capte pour lui-même l'hérédité de celui qu'il n'institue que dans ce but frauduleux (L. 71, § 1, *de her. inst.*).

De tous ces exemples il résulte que l'institution captatoire est une institution conditionnelle ; il est donc de toute nécessité que la condition qui la rend captatoire se rapporte à l'avenir. L'institution captatoire, disent les basiliques, est la récompense d'un bienfait qui n'est pas encore reçu (*gratiæ repensatrices*) ; comment en effet capter un bienfait déjà reçu ? on ne capte que ce que l'on veut avoir et non ce que l'on a déjà ; l'institution conçue en ces termes : Que Titius soit mon héritier *s'il m'a institué,* n'est donc pas captatoire ; elle vaut, si Titius m'a en effet institué ; elle est nulle dans le cas contraire, comme elle le serait si elle

eût été faite sous toute autre condition déjà
défaillie au moment où elle est ajoutée à la
disposition : Que Titius soit mon héritier pour
la part pour laquelle *j'ai lu* dans son testament
qu'il *avait institué* Mævius. De deux choses l'une :
ou j'ai lu ce testament et Mævius y était effectivement institué, l'institution de Titius est alors
valable ; ou je n'ai pas lu le testament, ou bien
Mævius n'y était pas institué, l'institution de
Mævius est alors nulle, parce qu'il a été institué
pour une part nulle, celle que faussement je
croyais attribuée à Mævius, ou, si l'on aime
mieux, il l'a été sous une condition déjà défaillie au moment où j'ai fait mon testament.
Mais il n'est nul besoin pour l'annuler de la supposer captatoire ; elle ne portait aucune trace
de captation (L. 71, pr.; L. 81, § 1, *de her.*
inst.).

Telles sont les institutions que le sénat avait
frappées de nullité sous le nom de captatoires.

ANCIEN DROIT FRANÇAIS.

Avant d'aborder l'étude du legs universel qui dans notre Code Nap. tient la place qu'occupait dans la législation romaine l'institution d'héritier, il n'est pas hors do propos de suivre dans la France coutumière les transformations qu'a subies cette partie du droit civil, de se rendre compte de l'enchaînement des idées qui successivement ont dominé la théorie des dispositions testamentaires, depuis Rome jusqu'au Code Nap.; mais comme il me paraît qu'en cette matière, une question de droit moderne ne saurait être, si elle est importante, bien discutée, qu'à la condition de faire appel au droit antérieur, j'aurai fréquemment l'occasion, en traitant du legs universel sous l'empire du Code Nap., de dire quelle a été sur les points les plus saillants la décision des coutumes; j'espère en

conséquence que l'on voudra bien me permettre
d'être ici très bref, et de ne point présenter un
tableau complet de la législation coutumière
sur les institutions d'héritier, mais seulement
quelques principes qui permettent de s'en faire
une idée très générale.

Il faut soigneusement distinguer, sous le rapport des institutions d'héritier, les pays de droit
écrit des pays de coutume. Et d'abord, des pays
de droit écrit.

L'on serait fort exposé à se tromper, si l'on
s'imaginait que les pays de droit écrit suivaient
exactement le droit romain; non, comme le
nord de la France, ces pays étaient aussi des pays
coutumiers; mais, d'un côté, plus profondément
pénétrés que les provinces septentrionales par
la conquête des Romains, de l'autre, ils le
furent beaucoup moins par les invasions sous
lesquelles périt écrasée leur civilisation; le
droit y devint coutumier, mais la coutume y
prit un caractère tout romain; dès longtemps
habitués à la pratique des lois romaines, les
méridionaux les conservèrent comme tradition,
quand ils les eurent perdues comme lois positives;
il n'est pas néanmoins que des usages fort ignorés à Rome n'aient été accueillis parmi eux;
mais au fond, l'élément romain dominait tous
les autres, et lorsqu'au moyen âge les compi-
lations de Justinien furent exhumées de la

poussière où, dans l'Occident, elles gisaient depuis des siècles, oubliées ou inconnues, elles furent accueillies avec un singulier enthousiasme, comme la personnification la plus parfaite de tous les usages qui jusqu'alors avaient été pratiqués dans le midi de la France; telle fut leur faveur que dans les pays coutumiers eux-mêmes, elles faillirent supplanter la coutume, et il ne fallut pas moins qu'un édit de nos rois pour y sauver les traditions que plusieurs siècles y avaient transmises et perpétuées. Mais dans les provinces méridionales, elles acquirent une véritable autorité légale, du moins en tout ce qui n'y était pas contraire aux usages reçus; les parlements purent et durent appliquer les décisions du Digeste et du Code, comme droit vivant, sauf à les tempérer par les coutumes locales; mais je l'ai dit, ces coutumes ne s'étaient séparées du droit romain que dans les détails; les principes avaient été conservés.

Dans la matière des institutions d'héritier en particulier, ces principes avaient gardé un type singulièrement romain.

Nul n'est héritier en vertu d'un testament, s'il n'y est institué; et comme l'institution est encore le fondement du testament, si elle manque le testament est nul dans toutes ses dispositions, à moins qu'il ne contienne la clause codicillaire; auquel cas il vaut, mais seulement comme codicille, c'est-à-dire quant aux legs et fidéicommis, mais non à l'effet de faire un héritier ou un légataire universel, et cette clause codicillaire ne pouvait pas se suppléer ou se sous-entendre (L. 1, Dig., *de jure codicil.*). L'ordonnance de 1735 sur les testaments, loin de réformer cette règle, la confirme et l'étend dans son art. 50, où elle décide que, dans les pays de droit écrit, la légitime due aux parents devra leur être laissée *à titre d'héritier par institution*, généralisant ainsi la décision d'une novelle que les parlements de Toulouse et de Bordeaux n'appliquaient qu'avec des distinctions (1). L'art. 70 fait à cette règle une exception fondée sur l'intention présumée du testateur, et dont il y aura bientôt à parler.

Il se peut qu'un testateur ait des biens situés en pays de droit écrit, et d'autres situés en pays de droit coutumier. Les lois sur les testaments étant réelles, il semble bien que d'après la règle ci-dessus le testament ne pourra être valable pour les premiers qu'autant qu'il contiendra une institution d'héritier; le contraire était pourtant universellement admis, et consacré par la grande ordonnance de 1735. Ainsi, un homme qui a des biens en pays de droit écrit,

---

(1) Merlin, Rép., Inst. d'h., sect. 1, n° 2. — Aymar, avocat à Toulouse, sur l'ord. de 1735, art. 50.

fait son testament en pays coutumier, où il a également des biens : a-t-il fait une institution, elle vaut comme legs universel pour les biens sis en pays de coutume ; elle vaut *comme institution* pour les biens sis en pays de droit écrit. Au contraire, n'a-t-il pas fait d'institution, son testament vaut comme legs universel pour les premiers biens et comme institution pour les seconds encore (arrêts nombr. de parl. cités par Merlin ; ord. de 1735, art. 68, 69, 70). Est-ce à dire que l'institution ne soit qu'une simple formalité exigée par le droit écrit ? Non, la fin de l'art. 70 le prouve. Si l'ordonnance valide le testament, ce n'est pas en vertu de la règle : *locus regit acta quoad solemnitates*, mais parce qu'elle interprète la volonté du testateur, qui, accoutumé aux lois des pays de droit écrit, *a voulu* instituer. Si le testament ne porte pas l'institution matérielle, c'est sans doute parce que les moyens lui ont manqué ; peut-être l'ignorance où sont les notaires des pays de coutume, de la nécessité de l'institution dans les autres pays, en est-elle la cause ; aussi les art. 68, 69, 70 de l'ord. supposent-ils que le testateur est domicilié en pays de droit écrit, et que c'est par accident qu'il se trouve avoir fait son testament en pays de coutume ; que s'il était domicilié en pays de coutume, et s'il faisait dans son testament une institution, elle vaudrait alors comme institution pour les biens situés en pays de droit écrit, comme legs universel pour ceux situés en pays de coutume (art. 71, 72 de l'ord.), et ce en quelque lieu que le testament soit fait (1). C'est ce que Aymar appelle transformation de l'institution en legs, et de legs en institution.

Bien différents furent, sur ce point, les principes adoptés dans la législation coutumière.

Le testament ne fut pas pratiqué des Germains ; Tacite l'atteste dans son livre sur les mœurs des Germains (2). Chez eux, la propriété foncière n'était pas personnalisée ; l'agriculture était négligée ; le lait, la chair des animaux étaient leurs principaux aliments ; nul n'avait un champ qui lui fût propre ; mais chaque année le partage des terres se faisait par les magistrats et les chefs entre les familles et les parentés (*gentibus cognationibusque hominum*) (3), unies par une vie commune (*qui una coïerint*) (4).

.... Avec une semblable organisation des terres, le testament était peu nécessaire, car il n'est que la consécration du droit de propriété,

---

(1) Merlin, Rép., Inst. d'h., sect. I, n° 8 (voir Boullenois, son résumé de l'ord. citée par Merlin, *hoc loco*). — Aymar, sur l'ord. de 1735.

(2) *De Morib. Germ.*, § 20.

(3) Est-ce là cette clientèle militaire dont on a voulu faire la source de la féodalité ?

(4) Cæsar. *de Bello Gallico*, lib. VI, chap. 22.

et la propriété mobilière du Germain n'est pas tellement considérable que la loi ne puisse pleinement suffire à régler sa dévolution.

En se fixant sur le sol des Gaules, les Germains changèrent de mœurs; ils s'initièrent à la pratique de la propriété individuelle; d'errants devenus sédentaires, ils abandonnèrent l'idée de la propriété commune de la tribu, et adoptèrent comme une conséquence naturelle du nouvel état de choses le testament que le droit romain leur présentait si fortement organisé. Les lois des Ostrogoths, des Wisigoths, des Burgondes en reconnaissent la validité; les rois franks le pratiquent; et bientôt, favorisé par l'Église qui avait tout à y gagner, le testament devint, au moyen âge, d'un usage universel.

Mais les anciennes mœurs germaines laissèrent une trace profonde dans le droit coutumier; de la propriété commune de la tribu on passa à la propriété de la famille, et de celle-ci à la propriété individuelle. La famille servit pour ainsi dire d'intermédiaire entre la tribu et l'individu (1); de là ce soin de conserver les biens dans la famille, ceux du moins qui viennent d'elle, soin qui se fait remarquer dans toutes coutumes : en France, en Allemagne, en Angleterre même (coutumes du pays de Galles).

____

(1) M. Devalroger, prof. à la Fac. de dr. de Paris, à son cours de 1854-1855.

De là cette maxime qui ne permet pas au testateur de faire un héritier, un successeur à sa personne ; il ne peut se donner qu'un successeur aux biens ; le titre d'héritier appartient à la famille, à l'hoir du défunt le plus proche habile à lui succéder (cout. de Paris) : *Dieu seul peut faire un héritier* (1) ; l'homme ne peut faire qu'un légataire ; c'est ce que les coutumes expriment en disant que *l'institution n'a pas de lieu en France* (2).

Cette règle toutefois n'est pas vraie dans toutes les coutumes, mais seulement dans le plus grand nombre : et dans celles-ci, elle n'a pas toujours le même sens et la même portée.

Les coutumes les plus nombreuses entendent la règle en ce sens que l'institution d'héritier est inutile pour faire un héritier, Dieu seul donnait ce titre ; et qu'elle est utile à l'effet de faire un légataire de tous les biens jusqu'à concurrence de ce dont le testateur peut disposer en vertu de la coutume (3) (Paris, 299, 318).

Dans quelques coutumes peu nombreuses, plus jalouses des droits de la famille, institution d'héritier n'a pas de lieu, même à l'effet

---

(1) Glanville, *de legib. Angliæ.*

(2) Loisel, Instit. cout., 301.

(3) Paris, 299 ; Anjou, 271 ; Maine, 237 ; Touraine, 288 ; Loisel, 301. Nombreuses coutumes citées par Ragueau dans son Commentaire de la coutume de Berry.

de faire un légataire (1). Les autres dispositions du testament restent d'ailleurs valables. Pour quelques coutumes, la question pouvait faire doute de savoir s'il fallait les ranger parmi ces dernières ou parmi les premières (2) ; l'on penchait généralement vers la décision la plus large, celle de la coutume de Paris.

Enfin, il était des coutumes, rares à la vérité, qui s'étaient rangées aux principes du droit écrit ; dans ces coutumes, *institution a lieu ;...* l'institué, l'héritier testamentaire *est saisi* tout comme l'héritier du sang , et l'on sait que c'était surtout au point de vue de la saisine que l'intérêt était grand à distinguer le légataire universel de l'héritier proprement dit; il l'était aussi quant au payement des dettes (3) (Bordeaux, 74; Berry, tit. 19, art. 28; Bourgogne, tit. 7, art. 4). Institution, dans ces coutumes, a donc lieu en ce sens que l'institué est un véritable héritier , représentant la personne du défunt. Mais a-t-elle lieu en ce sens que le défaut d'institution vicie le testament? Est-elle nécessaire à la validité du testament? Cette question ne paraît pas devoir être résolue d'une manière générale, mais seulement d'après des

(1) Vitry, Meaux, Chaumont (Merlin, Rép., Hér., sect. i, § 1, 7).
(2) Nivernois, Montargis, Blois, Angoumois (Merlin, *loco citato*).
(3) Ci-dessous, chapitre 8.

distinctions tirées de l'autorité attribuée au droit romain par les coutumes : ce droit y a-t-il une simple autorité de raison, nous déciderons la négative ; y a-t-il une autorité légale résultant d'un renvoi que la coutume y fait elle-même pour le cas où elle est muette, ou de la situation des pays dans la sphère du droit écrit (Bordeaux, par exemple), il faudra adopter l'affirmative. Peut-être pour la coutume de Bourgogne faut-il, avec Loisel, dire que l'institution est nécessaire en ligne directe, et non en collatérale ; c'est ce qu'il conclut de l'art. 3, tit. 7, de la coutume, qui décide que le testament devra, à peine de nullité, laisser aux légitimaires leur légitime à titre d'héritiers institués. Boucheul et Furgole, néanmoins, voyaient là la nécessité, dans tous les cas, qu'il y ait institution d'héritier, pour que le testament soit valable (1).

Hors ces exceptions extensives d'une part, restrictives de l'autre, la règle qu'institution n'a pas de lieu en France, avec le sens de l'article 299 de la coutume de Paris, formait à peu près le droit commun de la France. Dieu seul fit des héritiers. Mais cette règle ne s'appliqua qu'aux testaments, et, par une faveur singulière, plia devant l'usage des institutions con-

---

(1) Voir Merlin, Rép., Instit. d'hér., sect. 1, n° 3.

tractuelles, dont il convient de dire ici quelques mots.

Un des points les plus curieux de notre ancienne législation est certainement tout ce qui concerne les institutions d'héritier par contrat de mariage (1).

Eusèbe de Laurière définit l'institution contractuelle *un don irrévocable de succession ou d'une partie de succession fait par contrat de mariage au profit de l'un des deux conjoints ou des enfants qu'ils doivent avoir ensemble* (2).

Reçue dans les pays de coutume, aussi bien et plus complétement que dans les pays de droit écrit, elle s'y présente avec des caractères différents; dans les pays coutumiers où l'homme ne fait que des légataires, Dieu seul faisànt l'héritier, nous voyons l'institution contractuelle briser, à la faveur du mariage, cette barrière que la loi impose à la volonté du testateur. Dans les pays de droit écrit, par un souvenir encore vivant du droit romain dégénéré qui les régit, l'institution contractuelle ne fait pas un héritier, mais seulement un donataire, la qualité d'héritier ne pouvant résulter que d'une

---

(1) Il serait trop long et trop minutieux d'étudier avec détail cette matière; j'en veux seulement donner une idée.

(2) De Laurière, Traité des Inst. et Subst., ch. 1.

institution testamentaire, ou de la loi. Je reviendrai sur ce point.

L'origine des institutions contractuelles est lointaine, et au milieu du chaos qui a précédé la rédaction de nos coutumes, il est difficile d'en saisir les premières traces ; plusieurs origines ont été proposées ; De Laurière nous les indique pour les réfuter ; ainsi, l'on a prétendu que l'institution contractuelle était déjà pratiquée sous les rois de la première race. De Laurière nie cette origine (1); il n'accepte pas davantage l'avis de ceux qui la rattachent à un capitulaire (ch. VII du cap. IV de 803), d'après lequel un homme n'ayant pas d'enfants peut se choisir un héritier, *heredem* : il ne voit là et avec raison qu'une adoption, l'adopté devenant l'*héritier*, mais l'héritier légal de celui qui lui donne la qualité de fils (2). Enfin, une constitution de Léon le philosophe (xix de ses novelles), qui semblerait confirmer un pacte d'après lequel une fille qui se marie aurait reçu l'assurance d'être appelée à l'hérédité de l'instituant pour la même part que ses frères (3), doit être écartée parce que les novelles étaient

(1) Traité des Inst., ch. 1, n° 12.
(2) Traité des Inst., ch. 1, n° 13.
(3) Un semblable pacte se trouvait dénué d'effet par une constitution de Valens et Gallien (L. 18, Code, *de pactis*).

encore ignorées, lors de la rédaction des coutumes qui consacrent l'institution contractuelle (1).

Selon De Laurière, l'origine de l'institution contractuelle se trouverait dans le droit romain; cela peut paraître bizarre à celui qui se rappelle avec quel soin fut proscrit par la législation romaine le pacte sur successions futures; rien cependant ne s'explique plus facilement; de quelque aversion que ces pactes aient été l'objet, l'on sait que dans deux cas ils étaient permis : 1° lorsque celui de la succession duquel il s'agissait y consentait; 2° lorsque des militaires, à l'armée, s'instituaient réciproquement; l'institution contractuelle est en germe dans cette seconde exception à la règle prohibitive des Romains; des militaires, le privilége, au moyen âge, s'étendit aux nobles, comme gens de guerre; puis, comme l'institution contractuelle était en harmonie parfaite avec les idées féodales, qui dominèrent alors toutes les autres; comme elle tendait admirablement à servir le grand principe de la conservation des biens dans les familles (fréquemment, en effet, les filles en se mariant renonçaient à la succession paternelle pour se contenter de leur dot), elle gagna de proche en proche, s'in-

----

(1) De Laurière, Inst. et Subst., ch. 1, n°s 7, 8; Cujas qu'il cite.

troduisit dans l'habitude de la bourgeoisie elle-même et devint une des grandes branches du droit coutumier; elle pénétra aussi dans les pays de droit écrit, mais, nous l'avons dit, avec un autre caractère (1).

Ce fut une question vivement débattue que celle de savoir quelle était au juste la nature de l'institution contractuelle. Doit-on les considérer comme des donations entre vifs, ou comme des donations à cause de mort? C'est ce dernier caractère qui, généralement, leur fut attribué, malgré leur irrévocabilité; cette irrévocabilité avait été introduite dans le but d'empêcher que les institués ne fussent trompés dans leur juste et légitime espoir, mais elle ne changeait pas la qualité principale de l'institution contractuelle qui est d'être une donation à cause de mort, *une véritable institution;* l'institué est bien véritablement un héritier; il a sa saisine comme l'a d'ordinaire l'héritier de la loi, celui que Dieu seul peut faire. Dans quelques coutumes cependant, l'institution contractuelle se rapproche davantage des donations (Anjou, Maine, Touraine, Loudunois), l'ir-

---

(1) De Laurière, Inst. et Subst., ch. 1. Les coutumes qui l'acceptèrent d'abord paraissent être celles de l'Auvergne, du Bourbonnais, puis celles du Maine, de l'Anjou, de Touraine, du Loudunois; puis celles de Normandie, Paris....., sauf modifications dans leurs détails.

révocabilité y est assurée d'une manière plus certaine, plus rigoureuse (1). C'est également avec ce caractère de donation entre vifs qu'elle se présente dans les pays de droit écrit; fidèles au droit romain, ces pays n'admettaient pas que Dieu seul pût faire un héritier; aussi puissante était la volonté de l'homme; mais pour qu'elle pût faire un héritier, cette volonté devait être manifestée par une institution testamentaire; donner *une hérédité* future n'eût pas été faire acte valable; donner *ses biens* présents et futurs se pouvait, au contraire, très-valablement; et une telle donation pouvait valoir par simple stipulation : dès lors l'institution contractuelle fut tenue et acceptée pour donation de biens présents et à venir; nous verrons bientôt une conséquence de ce caractère. De Laurière, fort des subtilités et sarcasmes de Fachinée et de Faber, s'emporte contre ce qu'il y a d'absurde à supposer une donation d'une succession; selon lui, c'est toujours une *institution* quelque soit l'acte dans lequel elle se trouve; ce n'est pas tel acte qui a pouvoir de faire un héritier (2), c'est la loi qui le fait, et du moment qu'elle fait résulter la qualité d'héritier d'un acte entre vifs aussi bien que d'un testament, il faut dire que cet acte entre

---

(1) Loisel, Instit. cout.; De Laurière, Inst. et Subst.
(2) Ch. IV, 6, 7, 8; ch. IV, 13; ch. I, 6, 7.

vifs n'est pas plus une donation que ne le serait le testament lui-même. Il me semble que l'intérêt n'est pas grand à vider cette controverse, spécialement pour les pays de droit écrit (1).

L'institution contractuelle avait lieu de plusieurs manières, mais elle ne peut se faire que par contrat de mariage. Il y a institution contractuelle lorsque :

1° Un conjoint institue l'autre ;

2° Les conjoints instituent leur futur aîné ;

3° Un oncle rappelle par contrat de mariage ses neveux à sa succession ;

4° Un étranger reconnaît pour héritiers les conjoints ou leur futur aîné;

5° Le père et la mère mariant leur aîné le reconnaissent pour héritier principal;

6° Les parents marient leur enfant avec promesse de lui conserver sa part héréditaire et de ne pas en avantager un autre à son préjudice (2).

Il y a donc des institutions contractuelles ordinaires, des reconnaissances d'héritiers prin-

----

(1) De la question de savoir si l'institution contractuelle en général est une donation ordinaire ou ne l'est pas, dépendaient plusieurs questions importantes, par exemple celle de savoir si l'on pourrait disposer ainsi de tous ses propres ou seulement du quint; car on le pouvait par donation et non par testament (De Laur., ch. 4, 8).

(2) De Laurière, ch. iii, 2.

cipaux (dans quelques coutumes seulement);
des promesses de conserver à un enfant sa part
héréditaire, des rappels. Mais au fond., et
malgré des controverses que De Laurière ne
comprend pas, il n'y a là que des institutions
contractuelles qui sous ces différentes formes
produisent dans les mêmes pays les mêmes résultats (1).

Quels sont donc ces résultats ?

Dans les pays de coutumes, l'institué est un
héritier véritable, qui, ne pouvant être fait par
testament, le peut par contrat de mariage ; il
est héritier futur, il n'est pas encore nanti de
la succession, mais il a sur elle des droits qui
ne peuvent plus lui être enlevés; l'institution
contractuelle est irrévocable en ce sens que
l'instituant ne peut, par de nouvelles institutions ou des donations universelles, la révoquer, comme il eût pu faire d'un testament
par un autre testament (2) ; mais elle n'est pas
irrévocable en ce sens que l'institué peut, jusqu'à un certain point, la révoquer indirectement, en usant des droits qu'elle lui laisse sur
ses biens; mais ceci n'est que général et appelle des distinctions.

Dans la plupart des coutumes, l'instituant

---

(1) De Laurière, ch. iii, 2.
(2) De Laurière, ch. iv, 87, 120.

garde l'administration et la jouissance de sa fortune ; il peut en disposer par contrats entre vifs et à titre onéreux, les vendre, les aliéner, les hypothéquer, les engager au payement de ses dettes (1). Il peut, selon l'expression de la coutume, *s'aider de son bien* (2) ; l'art. 220 de la coutume du Bourbonnais résume le droit commun en cette matière.

« Institution d'héritier et pactes de succéder « faits en contrats de mariage s'étendent seule- « ment ès biens qui se trouvent délaissés par le « décès du disposant, et n'empêche la dite « institution ou convention de succéder que le « dit instituant ne puisse aliéner ses biens par « contrats entre vifs, mais seulement qu'on « avantage un autre au préjudice du marié des « biens *qu'on avait alors.* » Ce sont donc seule- ment les biens que l'instituant possède au mo- ment de l'institution contractuelle, qui y sont compris ; ce sont seulement ceux-là qu'il lui est interdit de dissiper, de donner (3) ; mais quant à ceux qu'il acquiert ensuite, il garde à leur égard toute liberté ; et en effet, pour ceux- là les institués ne pouvaient pas être trompés,

---

(1) Loisel, Inst. cout.

(2) De Laur., ch. III, 24.

(3) On avait même admis que sur ces biens, il pourrait faire quelques donations légères , quelques legs *sans fraude* (Loisel, De Laur., ch. 4, n° 7).

puisqu'ils n'avaient pas compté sur eux, et c'était la crainte seule de voir leurs espérances déçues qui avait fait introduire l'irrévocabilité de l'institution contractuelle : *ablata causa, tollitur effectus* (1).

Tel était le droit général des coutumes; mais quelques-unes (2), calquées sur le droit écrit, se montraient plus restrictives, et sauvegardaient d'une manière plus sévère les intérêts des institués. Dans ces coutumes, comme dans les pays de droit écrit, l'institution contractuelle avait été en quelque sorte considérée comme une donation entre vifs, ou du moins traitée comme telle; l'instituant cesse d'être le maître de ses biens; il ne peut plus en disposer même à titre onéreux; il ne peut ni les hypothéquer, ni les engager, ni les vendre; il n'en est pour ainsi dire plus que le dépositaire avec le droit de jouissance; aussi faut-il que les tiers qui contractent avec lui soient avertis qu'il est dépouillé de ses biens, et l'institution contractuelle devra être insinuée dans les pays de droit écrit, et, dans les coutumes exceptionnelles dont nous parlons, portée à la connaissance des tiers par les moyens ordinaires de publicité fournis par la coutume.

---

(1) Loisel; De Laur., ch. 8, n° 112
(2) Maine, Anjou, Touraine, Loudunois.

Voilà ce qu'était en somme l'institution contractuelle qui dans le droit coutumier nous offre l'analogue de l'institution testamentaire du droit romain, au point de vue de la qualité d'héritier; le caractère de révocabilité *ad nutum* de la dernière, d'irrévocabilité de la première en est surtout la marque distinctive; la première, fruit des besoins de la féodalité, de la noblesse, de la vanité des bourgeois qui voulaient imiter les nobles, tomba, pour ainsi dire, avec sa raison d'être, et ne passa dans nos Codes qu'avec de justes tempéraments (art. 1082, 1083). La dernière, conforme aux besoins de la nature, aux aspirations du cœur de l'homme, y a pris la large part que lui avaient refusée les coutumes, et que le droit moderne fait d'autant plus belle qu'il la débarrasse de toutes les entraves du formalisme romain.

De ce que l'institué en pays de coutumes n'est pas héritier, mais est seulement tenu pour tel, il résulte, déjà je l'ai dit, qu'il n'a pas la saisine; il doit être saisi par l'hoir le plus proche du défunt, habile à lui succéder, lequel est de droit saisi de l'hérédité (318, Paris). Il en résulte aussi qu'il est tenu des dettes du défunt, car où vont les biens vont les dettes (1); mais, comme il ne représente pas le testateur, ne continué

---

(1) Duplessis, Consultations.

pas sa personne, il n'est tenu de ses dettes que *propter rem*, comme détenteur de ses biens, et non personnellement, *intra vires* et non *ultra vires* (1) ; et ce sans qu'il lui soit nécessaire, comme à l'héritier, d'obtenir des lettres de chancellerie (2), pourvu qu'il fasse dans les délais bon et loyal inventaire ; mais Ferrière nous enseigne que cet inventaire n'est pas nécessaire *en droit*, et que, ne l'eût-il pas fait, le légataire universel ne serait pas encore, *en droit*, tenu personnellement ; . seulement on le pourrait poursuivre *ultra vires*, par conséquent sur ses propres biens, parce qu'il aurait mis les créanciers héréditaires hors d'état de reconnaître les biens du défunt ; et, en effet, alors qu'il a négligé de faire inventaire, il n'en représente pas davantage le défunt (3). Lorsque l'on dit que le légataire universel contribue au payement des dettes, cela doit donc s'entendre en ce sens qu'ils ne reçoivent les biens que tels qu'ils sont après le prélèvement des sommes nécessaires à l'acquittement de ces dettes (334, Cout. de Paris ; Ricard).

---

(1) Loisel, Instit. cout., n° 313. Cout. Paris, 334.

(2) Loisel, Instit. cout., sur celle de Poitou, 248 ; Boucheul, Dans la coutume de Berry, qui en cette matière se règle sur le droit romain, il suffit à l'héritier lui-même de faire inventaire pour jouir du *bénéfice d'inventaire* (ch. 19, art. 9).

(3) Ferrière, t. 1, col. 1032, 11.

C'est enfin sous l'empire de la même idée, la consécration des droits de la famille, que furent réglées dans les coutumes les questions de cumul des deux qualités de légataire et d'héritier.

En général, ces deux qualités sont incompatibles; afin que l'égalité qui doit régner entre les héritiers ne soit pas rompue par la volonté du testateur, « aucun ne peut être héritier et légataire d'un défunt ensemble » (1). Cette règle cependant ne doit pas s'entendre en un sens absolu; ainsi, l'on peut être héritier pour les biens situés en une coutume et légataire pour les biens situés en une autre, si dans cette seconde coutume l'on ne peut pas être héritier; quelques auteurs pensaient même que la simple situation des biens dans deux coutumes différentes suffisait à rendre habile à être héritier des uns, légataire des autres, encore que ni l'une ni l'autre coutume n'exclue la qualité de légataire ou d'héritier chez celui à qui le testament l'attribue (2). Cette opinion n'était pas universellement adoptée (3); ainsi tel, héritier du défunt dans la coutume de Paris, pourra être légataire en quint des propres du

---

(1) Art. 300 de la cout. de Paris. Loisel, Instit. cout., n° 311.

(2) Entre autres, Duplessis.

(3) Lemaistre réfute des arrêts qui la consacrent par des arguments fort solides.

défunt situés dans l'étendue de la coutume voisine, par exemple, si d'après cette coutume il n'est pas héritier aux propres. La même restriction à la règle formulée par Loisel (n° 811, Inst. cout.) doit encore être faite lorsque les biens sont divisés en masses différentes, de telle manière qu'héritier dans une masse (par exemple les meubles et acquêts), l'on ne peut pas l'être dans une autre (par exemple les propres) : l'on peut alors être héritier dans une masse et légataire dans l'autre ; ce point paraît avoir été cependant l'objet de quelques controverses (1).

Dans tous les cas où elle s'applique, la règle laisse à l'héritier le choix entre cette qualité et celle de légataire.

Elle a pour but, Loisel l'atteste, de maintenir l'égalité entre les héritiers , membres, comme tels, de la famille; elle doit donc s'effacer quand ce but n'existe plus (2); aussi, un légataire universel étranger ne pourrait-il pas opposer à l'héritier présomptif l'incompatibilité des deux qualités d'héritier et de légataire (3); non plus que ne le pourrait un légataire universel parent du défunt à un degré plus éloigné que celui qui prétend cumuler les

---

(1) Loisel, n° 311. Lemaistre, sur l'art. 300 de la cout. de Paris.
(2) Elle s'efface aussi devant les droits de l'aîné.
(3) Arrêt du 17 mai 1677 rapporté par Lemaistre.

deux titres. Loisel formule ainsi la règle : « En
« succession directe, on ne peut être héritier
« et légataire, aumônier et parchonnier (léga-
« taire et héritier), mais bien donataire et hé-
« ritier en ligne collatérale. » Faut-il conclure *a contrario*, qu'en collatéral le cumul des
deux qualités d'héritier et de légataire soit
admis ? Lemaistre, touché de la généralité des
termes de l'art. 300 de la coutume de Paris,
qui ne distingue aucunement, et se fondant
sur ce que cette coutume fait droit commun
dans le silence des autres coutumes, pense que
cette conclusion ne serait pas juste. Mais la
coutume de Paris elle-même (art. 301) permet,
en collatéral, d'être donataire entre vif et héritier.

Connaissant les principes du droit romain
sur les institutions d'héritier, ayant jeté un
coup d'œil rapide sur ceux du droit ancien de
la France sur cette matière, nous pouvons
maintenant passer à l'étude du droit actuel,
et rechercher l'heureux mélange qu'ont fait
des uns et des autres les articles du Code Napoléon où il est traité du legs universel.

DROIT ACTUEL.

DU LEGS UNIVERSEL.

(Code Nap., art. 1003 à 1009 inclusivement.)

Cet intitulé seul indique quel doit être l'objet restreint de cette étude; il n'est pas les institutions d'héritier en général, mais seulement la solution de questions dont les principes sont posés dans les quelques articles du Code rangés sous le titre de *Legs universel.* Comme en droit romain, je laisse de côté la théorie de la capacité requise pour faire un testament; je ne m'occupe pas de la révocation ou de la caducité des dispositions testamentaires; c'est-à-dire des déchéances ni de leurs conséquences; mais, tandis qu'en droit romain je me suis placé en présence d'un testament *jure perfec-tum* quant à la capacité du testateur, quant aux formes, et me suis demandé non à quelles conditions *il produirait* un effet, mais à quelles conditions *il le pourrait produire*, sauf événements ultérieurs, en droit français je supposerai un testament parfaitement valable, fait suivant les formes légales *par un homme pleinement capable*, instituant pour légataire universel *un homme capable d'avoir cette qualité;* je supposerai aussi que l'effet du testament n'est pas modifié par quelque modalité, car les modalités dans les testaments peuvent à elles seules être l'objet d'un volume (1); en un mot, j'étudierai seulement l'*effet* d'un legs universel valable, pur et simple.

Je pense cependant qu'il n'est pas inutile de dire quelques mots de la capacité requise pour pouvoir acquérir par disposition testamentaire (2), et c'est par l'exposé des principes qui régissent cette matière que je débuterai.

DE LA CAPACITÉ DE RECEVOIR PAR TESTAMENT
A TITRE DE LÉGATAIRE UNIVERSEL.

La capacité de recevoir par testament est de

---

(1) M. Troplong (Donations et Testaments) n'y a pas consacré moins de 250 pages.

(2) Telle qu'elle est régie par le Code Napoléon, et non d'après l'ancien droit.

droit commun ; toute personne (1) peut ainsi recevoir, si ce n'est celles que la loi déclare incapables (art. 902, Code Nap.); la capacité est la règle, l'incapacité l'exception ; les incapacités de l'ancien droit ne peuvent donc produire un effet qu'autant qu'elles ont été maintenues par le Code Napoléon ou des lois subséquentes; car en cette matière tout est de droit étroit, et l'on ne saurait étendre une incapacité, par analogie, d'une personne à une autre (2); ni l'étendre au delà des limites que la loi lui a elle-même imposées. Il faut donc chercher non quelles personnes sont capables de recevoir par testament, d'être instituées légataires universels, pour parler le langage moderne, mais quelles au contraire ne le sont pas.

Comme en droit romain, les incapacités sont absolues, ou seulement relatives, ou partielles.

DES INCAPACITÉS ABSOLUES D'ÊTRE LÉGATAIRE UNIVERSEL.

1° De celui qui n'est pas encore conçu lors du

---

(1) Physique et morale. La loi du 18 germinal an X ne permettait aux fondations ayant pour but l'exercice du culte et l'entretien de ses ministres, de recevoir que des rentes sur l'État. Elle a été abrogée par la loi du 2 janvier 1817.

(2) M. Zacbariæ, t. 5, n° 649.

décès du testateur. — « Pour être capable de
« recevoir par testament, il suffit d'être conçu
« à l'époque du décès du testateur » (art. 906).

L'enfant conçu est réputé né, quand il
s'agit de ses intérêts; mais cette fiction ne peut
être admise qu'autant qu'elle se trouve confirmée par le fait de la naissance de l'enfant
dans des conditions telles que s'il n'a vécu, du
moins il eût pu vivre; aussi le testament fait en sa
faveur ne peut-il produire d'effet que s'il est
né viable (art. 906-3°; voir l'art. 725). Il faut
donc, pour être capable, *exister;* telle est la
règle, mais elle fléchit pour les cas prévus aux
art. 1048, 1049, 1082 du Code Napoléon (1).

C'était une grave question dans l'ancienne
jurisprudence, de savoir si le testateur pouvait disposer en faveur d'un enfant qui ne serait
pas conçu au moment de son décès. L'affirmative était généralement adoptée avant l'ordonnance de 1735 sur les testaments, par interprétation de la loi 64, *de hered. inst.* (2). Mais
l'art. 49 de l'ord. de 1735 annule toute *insti-*
tution (il faut y assimiler le legs universel) d'un
enfant non conçu lors du décès du testateur,
fût-elle d'ailleurs conditionnelle, ainsi que
d'Aguesseau l'explique dans sa lettre du 23 no-

---

(1) MM. Zach., v, 649; Dur., viii, 225, 226.
(2) Merlin, Rép. de jur., Instit. d'hér., sect. 5, § 1.

vembre 1737, qu'il adresse au parlement de Provence pour lever ses doutes sur ce point. L'ordonnance permet, d'ailleurs, de lui léguer, parce que dès la mort du testateur il y aura quelqu'un capable de soutenir le testament (1). Mais le Code a étendu leur incapacité même aux simples legs particuliers, car où est la même raison de décider, même doit être la décision (art. 906). M. Troplong critique l'art. 906 pour le cas où la disposition est conditionnelle (2); M. Zachariæ (3), contrairement au sentiment de M. Toullier (4), va même jusqu'à penser que la condition *si nascatur* est admise dans les institutions conditionnelles. La généralité des termes de l'art. 906 me semble repousser énergiquement cette doctrine. Furgole, approuvé par Merlin (5), décidait sur l'art. 49 de l'ordonnance comme M. Toullier, et l'art. 906 du Code Napoléon, par la généralité de ses termes, confirme pleinement sa décision, qui, d'ailleurs, est bien conforme aux principes du droit. Bien que conditionnel et ne devant produire un effet définitif qu'au moment où se réalise la condition, le legs ne laisse pas que d'en

____

(1) Même lettre du chancelier d'Aguesseau.
(2) Donat. et Test., n°s 608, 609.
(3) Droit civil français, t. 5, 649.
(4) T. 5, n° 91.
(5) Voyez Merl., Rép., Instit. d'hér., sect. 5, § 1, n° 4.

produire un considérable dès le décès du testateur. Il confère au légataire un droit, modal il est vrai, mais véritable, et qui n'est pas sans utilité, puisqu'il lui permet de faire des actes conservatoires (art. 1180); or, pour acquérir ce droit, il faut bien en être capable, c'est-à-dire être existant ou conçu, ce qui revient au même (M. Mourlon, rép. écr. sur le Code Nap.).

Il ne faudrait cependant pas conclure de là qu'on ne puisse valablement léguer à une personne capable, à la charge par elle de faire profiter éventuellement de la libéralité une personne qui n'est pas conçue au moment du décès du testateur (1). L'on peut dire alors que le legs est fait à la personne capable; celui qui est appelé à en profiter n'est pas, à bien dire, un légataire.

2° *Du mort civilement.* — Comme le droit romain, qui frappait les déportés d'une incapacité radicale et absolue d'être institués (2);

------

(1) Ce serait aussi bien mal comprendre l'art. 896 que d'y voir la prohibition d'une semblable disposition; tout ce que veut prohiber cet article, c'est la création *d'un ordre de succession*, c'est la charge imposée à l'institué de conserver jusqu'à sa mort, et de rendre alors les biens qu'il a reçus du testateur à une personne qui lui est désignée par lui. Il ne défend parmi les fidéicommis que ceux qui sont des substitutions (Merlin, Rép., Instit. contract.), mais non ceux qui sont purs et simples.

(2) Loi 16, D., *de interd. et releg.*

comme notre ancienne jurisprudence coutumière, qui, sans fixer jamais exactement la position du mort civilement, fut toujours formelle sur ce point, l'art. 25 du Code Napoléon lui refuse toute capacité de recevoir par testament (1), si ce n'est pour cause d'aliments, et sauf réduction de ce qui excéderait ses besoins; et ce serait une question de fait de savoir si la disposition faite en sa faveur est excessive (2), ou bien si elle est conforme au vœu de l'art. 25.

3° *Des personnes incertaines.* — Il tombe sous le sens qu'une disposition testamentaire ne saurait être valable et produire quelque effet qu'autant qu'aucune incertitude ne plane sur l'identité de la personne à laquelle elle est adressée ; mais la difficulté est de préciser à quels caractères il y a incertitude sur la personne... Nous avons vu comment les Romains avaient entendu la règle qu'on ne peut léguer utilement à une personne (Gaïus, com. II, 238, Ulp., Paul.) incertaine (ci-dessus, p. 28-29), comment elle fut modifiée d'abord par la possibilité d'instituer une personne incertaine prise parmi une classe de personnes certaines (*certa demonstratione incertæ personæ recte legatur*), comment enfin elle fut supprimée par

---

(1) La loi récente, qui supprime la mort civile, laisse subsister cette disposition.

(2) M. Dur., t. 8, n° 228.

Justinien. L'ancienne jurisprudence française
ne fut pas plus sévère que Justinien ; par arrêt
du Parlement de Paris (1), un legs fait aux Ur-
sulines qui pourraient s'établir à Troyes dans
vingt ans fut validé. Cet arrêt et bien d'autres,
appuyés de la doctrine constante des jurisconsultes, nous prouvent que dans l'ancienne jurisprudence la validité des legs faits en faveur
de personnes incertaines ne fit aucun doute
lorsque l'incertitude pouvait être levée soit par
quelque désignation certaine de la personne,
soit par quelque événement ultérieur, comme
dans l'exemple de l'arrêt cité ci-dessus. Nulle
raison ne peut faire changer cette décision sous
l'empire du Code Napoléon, et c'est ainsi que
tous les jours on lègue telle somme à celui qui
fera telle découverte, à celui qui remportera
tel prix, qui composera le meilleur ouvrage
sur tel sujet donné. Qui jamais s'avisera de contester la validité de ces legs (2) ?

J'ai dit quelles avaient été les idées des Romains sur les institutions laissées à la discré-
tion d'un tiers (3); l'ancienne jurisprudence
française fut moins sévère que les juriscon-

---

(1) Du 25 avril 1625, cité par MM. Troplong, n° 545, et Merlin
(Instit. d'hér., sect. 5, § 1, 18).

(2) Voir sur ces points pour les détails M. Merlin, Rép. de Jur.,
Inst. d'hér., sect. 5, § 1, n° 18.

(3) Ci-dessus, pages 149 et suiv.

sultes de Rome; et dans un procès rapporté par Merlin, l'avocat général put dire que les lois ne défendent pas de faire un legs à une personne qui sera nommée par un tiers (1), et l'arrêt du Parlement de Paris confirma ces conclusions le 27 août 1783, suivant ainsi une jurisprudence que lui-même avait déjà consacrée par son arrêt du 27 janvier 1784, qui avait décidé qu'un tiers « pouvait être dépositaire se- « cret de la volonté d'un testateur pour dispo- « ser d'un legs universel ». On suppose que la personne désignée par le tiers ne l'est que d'après la désignation qui en a été faite par le défunt à ce tiers, désignation qui reste secrète. C'est sur ce fondement que reposent les arrêts (Merlin, Légataire, 18).

La même décision devrait encore être donnée aujourd'hui ; la faculté d'élire reste encore malgré la loi du 17 nivôse an XI, car je ne vois rien dans le Code qui exclue une faculté que le droit romain lui-même, si scrupuleux sur ce point, admettait cependant dans une certaine mesure (L. 7, § 1, *de reb. dub.*).

Mais si l'élection laissée à un tiers cachait une substitution prohibée, ou si le fidéicommis simple était en faveur d'un incapable (2), il

---

(1) Merlin, Rép. de jur., Légataire, § 11. n° 18.
(2) 8 août 1826, cassation.

faudrait alors décider autrement la question;
ce serait là un point de fait. Cette doctrine
se trouve confirmée par plusieurs arrêts (1);
et elle est, je crois, la seule conforme à l'esprit
de nos lois.

C'est ici le lieu de dire quelques mots des
personnes morales, que le droit romain avait
considérées comme personnes incertaines, et
déclarées à ce titre incapables d'être instituées
héritières, et que les empereurs chrétiens
avaient relevées de cette incapacité (ci-dessus, pages 30 et suiv.).

L'ancienne jurisprudence française n'eut pas
sur ce point de principes bien nettement tracés;
les établissements publics, civils ou religieux,
en général tous les établissements de mainmorte
se trouvaient, en vertu des principes du droit
féodal, sous la dépendance de la couronne ; de
là les droits de mainmorte, ou d'amortissement,
de nouveaux acquêts; de là la règle suivant laquelle les gens de mainmorte ne pouvaient exister
que par autorisation du roi (2); de là des dispositions restrictives de leur capacité (3) : par
exemple celle qui leur interdit de posséder des

---

(1) Nîmes, 17 août 1808; Aix, 9 février 1841, cassation; rejet,
8 nov. 1847.
(2) Édit de 1749, art. 1er.
(3) Édit de 1749, art. 9.

immeubles autrement que par permission expresse de la couronne (1).

Quant à la capacité générale d'être institués
héritiers ou *légataires universels*, les commu-
nautés et gens de mainmorte furent diversement
traités ; dans les pays de droit écrit, ils purent
être institués, suivant la jurisprudence constante des parlements de Toulouse, d'Aix, etc.,
résultant d'arrêts nombreux cités ou rappor-
tés par M. Merlin dans son Répertoire de jurisprudence (2).

Dans les pays de coutume, leur capacité fut
plus difficilement admise ; consacrée par plusieurs arrêts, elle a été repoussée par d'autres
non moins nombreux ; souvent les parlements
prirent un terme moyen : au lieu d'annuler les
dispositions universelles faites en faveur de
gens de mainmorte, ou de les valider purement et simplement, ils les réduisirent ; le défaut de texte et de loi positive laissait cette
question entièrement à l'arbitraire des juges,
qui prirent toujours en grande considération la
qualité des personnes, le degré de faveur que
méritait l'établissement gratifié, le nombre, la

---

(1) Art. 14 et 17 du même édit. Un édit de 1762 adoucit un peu
ces rigueurs en faveur des hôpitaux, églises et établissements de
charité ; art. 9.

(2) Inst. d'hér., sect. 5, § 1, n° 17.

position des parents du défunt, et mille autres
circonstances qui expliquent la diversité des
décisions sur cette matière.

Ceci s'applique aux établissements autorisés
par le gouvernement et ayant par là une existence, une personnalité légales ; quant à ceux
qui n'avaient qu'une *existence de fait*, l'on put
douter, jusqu'en 1738, si leur institution ne
devrait pas être valable pour produire leur
effet à l'époque où ils seraient autorisés, comme
disposition conditionnelle, sous cette condition :
« si l'établissement institué est autorisé : »
c'était l'avis de Furgole, qui s'appuyait sur
plusieurs arrêts de Paris, Metz, Toulouse (1625,
1654, 1665, 1654, 1717). Mais un arrêt du parlement de Flandre, de 1732, jugea le contraire,
et sa décision reçut force de loi par les décla-
rations de 1738, 1739, et par l'article 1 de
l'édit de 1749 (Merlin, *Gens de mainmorte*).

Aujourd'hui il n'est plus question de droit
d'amortissement ni de nouveaux acquêts ;
mais l'État exerce sur tous les établissements
publics, civils ou religieux, une véritable tutelle
administrative, qui limite à deux points de
vue leur capacité de recevoir des libéralités
testamentaires ; d'abord ceux-là seuls ont cette
capacité, qui constituent des personnes morales,
c'est-à-dire qui sont institués ou reconnus

par une loi, (1) ceux qui ne sont que simplement autorisés, tolérés, n'ont pas le caractère de personnes morales, et par suite sont incapables de profiter du legs fait en leur faveur; en second lieu, ceux mêmes qui ont une existence légale ne peuvent accepter les legs ou donations qu'en vertu d'une autorisation expresse du gouvernement (art. 910, Code Nap.), non pas générale, mais spéciale pour chaque disposition dont ils sont l'objet. D'après quelles règles doit être donnée cette autorisation, quelles distinctions pose la loi sur ce point de détail, c'est ce qu'il importe peu de dire ici, car ce n'est plus une question d'existence ou d'absence de capacité, mais seulement la mise en œuvre, l'exercice d'une capacité déjà existante et reconnue (2).

Les étrangers ne sont plus l'objet d'aucune rigueur dans notre droit actuel; il ne reste plus trace du droit romain, de l'ancienne jurisprudence qui avait réduit l'aubain presque à la condition du serf; le droit intermédiaire avait aboli complétement (décret du 8 avril 1791) le droit d'aubaine; revenant en arrière,

---

(1) Loi du 2 janvier 1817.

(2) Voir la loi du 24 mai 1825 qui refuse aux couvents de femmes la capacité de recevoir des legs universels de tout le monde, ni plus du quart des biens, et 10,000 fr. au maximum, d'une personne qui en fait partie.

l'art. 912 du Code Napoléon établissait un système de réciprocité aussi bien pour les donations que pour les dispositions testamentaires... (plus restrictif en cela que l'ancien droit coutumier qui permettait toujours en leur faveur les donations entre vifs, comme l'atteste Loisel, nº 61); la loi du 14 juillet 1819 (1) leur accorde une capacité pleine et entière de recevoir par testament, pourvu d'ailleurs que, selon la loi de leur patrie, ils soient capables, car la capacité étant loi de statut personnel, « suit la personne partout où elle va. »

DES INCAPACITÉS RELATIVES.

Du tuteur (2) (art. 907, Code Nap.)—L'art. 907 porte deux prohibitions bien distinctes : la première concerne le tuteur dans ses rapports avec son pupille encore mineur de vingt et un ans et majeur de seize ans, ayant par suite le droit de disposer par testament de la moitié des biens dont il pourrait disposer s'il était

---

(1) Art. 1er. Les art. 726 et 912 du Code civil sont abrogés; en conséquence, les étrangers auront le droit de succéder, de disposer, de recevoir, de la même manière que les Français, dans toute l'étendue du royaume.

(2) Les lois *ult. de leg.* 1º, 28, § 4, et 31, § 2, *de liber. leg.*, indiquent que le pupille pouvait utilement léguer à son tuteur, avant même que le compte de tutelle ne soit rendu.

majeur (art. 904); la seconde le suppose dans ses rapports avec son ex-pupille devenu majeur, mais avant que le compte définitif de la tutelle ne soit rendu et apuré. Dans ces deux cas et sauf l'exception faite en faveur des ascendants, le tuteur ou l'ex-tuteur ne peut pas recevoir des libéralités testamentaires de son pupille ou ex-pupille; il ne peut donc pas être son légataire universel.

François Iᵉʳ, le premier, se préoccupa du soin de protéger le pupille contre les captations possibles de ses tuteurs et administrateurs, et par l'ordonnance de 1539 déclara ces personnes incapables de recevoir par le testament de leur pupille; une déclaration de Henri IV, de 1549, et ensuite l'art. 270 de la deuxième coutume de Paris, confirmèrent cette ordonnance, et la défense fut observée même dans les pays de droit écrit (1); mais où s'arrêtait la nécessité de protéger la famille s'arrêtait aussi la restriction de la coutume; les ascendants tuteurs de leurs descendants furent exceptés de la prohibition de l'ordonnance, leur qualité même excluait tout soupçon, et quant aux autres tuteurs, dès qu'ils avaient cessé leurs fonctions et que par la reddition de leur compte ils avaient perdu toute influence sur l'esprit du pupille, l'on ne

____

(1) Furgole.

faisait aucun doute de leur restituer capacité
pleine et entière, pourvu, toutefois, que la ces-
sation de leurs fonctions ne soit pas elle-même
une fraude à la prohibition de la coutume,
ayant pour but de déterminer le pupille à disposer en leur faveur, et de leur donner alors
une capacité qu'ils n'avaient pas auparavant.
C'est ce que Ricard explique fort clairement (1).

Le Code Napoléon n'a ni beaucoup ajouté à
cette jurisprudence, ni beaucoup retranché de
ses règles; l'art. 907 reproduit les mêmes prohibitions; le mineur devenu majeur ne peut
donner à son ancien tuteur, par donation ou
par testament, que quand le compte définitif
de tutelle est préalablement *rendu* et *apuré*;
mais comme les incapacités sont de droit
étroit (2), il faut décider qu'il n'est pas nécessaire que ce compte soit soldé, malgré ce qu'en
pensait Ricard (3); il suffit qu'il soit *apuré*,
c'est-à-dire *liquidé* (4); c'est pour la même raison qu'il ne faudrait pas exiger que toutes les
formalités prescrites par l'art. 472 pour les
traités à intervenir entre le pupille devenu majeur et son ancien tuteur aient été préalable-

---

(1) Ricard, Donat., n° 458.
(2) M. Zach., v, 649.
(3) Donations, n° 458.
(4) MM. Zach., Grenier, Toullier; Furgole, quest. 36 sur les
Donat.

ment accomplies (1). C'est enfin par application de la même idée que nous ne devrons pas étendre la disposition de l'art. 907 à d'autres personnes que le tuteur proprement dit : par exemple, aux curateurs du mineur émancipé, au conseil judiciaire, non plus qu'aux maîtres de pensions ou chefs d'institutions (l'art. 276 de la coutume de Paris comprenait ces derniers), ni enfin au subrogé tuteur, sauf, pour ce dernier, à juger suivant les circonstances si le testament n'a pas été l'œuvre de son influence, quand, en fait, il aura géré (2).

Comme la coutume de Paris, l'art. 907 excepte de ses prohibitions le tuteur ascendant dont le caractère met à l'abri de tout soupçon les dispositions faites en sa faveur ; elles s'expliquent si naturellement ; pourquoi supposerait-on qu'elles ne sont l'œuvre que d'une captation indigne de l'affection paternelle?... Mais cette exception ne s'étendrait pas aux alliés (3) ni au second mari de la mère tutrice de ses enfants, tuteur comme elle, et à ce titre incapable.

---

(1) Zach., v, 649.

(2) Zach., v, 649. MM. Duranton, viii, 200 et suiv.; Ricard, des Donat., partie 1re, no 676 ; Vazeille.

(3) MM. Zach. et Dur., viii, 197. C. de cass., 12 octobre 1812.

DES MÉDECINS, CHIRURGIENS, MINISTRES
DU CULTE, ETC.

De l'ordonnance de 1539, qui frappait d'incapacité relative les tuteurs et *administrateurs*, la jurisprudence déduisit sans contestation celle des médecins, apothicaires, confesseurs, et autres personnes qui ont dû avoir de l'influence sur l'esprit du disposant, car tel était le but de l'ordonnance, que d'Aguesseau fait ressortir dans une lettre qu'il écrit sur un arrêt de 1691 (1). C'est ainsi que le patron ne pouvait recevoir de l'apprenti, le couvent, du novice. Mais la jurisprudence ne se montra pas absolue dans l'application de ces principes, et l'avocat général Talon disait au parlement de Paris que « les médecins, chirurgiens et apothicaires « n'ont jamais été jugés incapables, lorsqu'il « s'est rencontré d'autres causes que leur art « seul qui pouvaient leur avoir mérité des li-« béralités (2). Aussi n'a-t-on jamais hésité à confirmer des legs faits au médecin qui avait soigné le mourant, au prêtre qui lui avait donné les secours de la religion, lorsque leur peu de

---

(1) Merl., Rép. de jurisp.; Chirurg., § 1, n° 4.

(2) Journal des Audiences, liv. 4, ch. 30, affaire Lizet, citée par M. Troplong; Don. et Test., 635.

consistance pouvait les faire considérer comme une sorte de rémunération de leurs bons offices ou que la parenté existant entre le disposant et le gratifié permettait, sans supposer la moindre captation, de s'expliquer la disposition testamentaire. L'art. 909 du Code Napoléon s'est complétement approprié cette doctrine, et n'a fait que la régulariser. Aux termes de cet article, sont incapables de recevoir par testament *fait pendant la maladie dont est mort le testateur :* les médecins *qui l'ont traité* pendant cette maladie, le pharmacien qui, sortant de ses fonctions habituelles, lui aura aussi donné des *soins personnels* (1) ; les officiers de santé ; *a fortiori*, l'empirique ou le charlatan qui, exerçant la médecine d'une manière illégale et sans titre, mérite moins de faveur, de confiance que le médecin, que le confesseur (2). MM. Dalloz (Rép., ch. 1, sect. 7, n° 5) et Troplong (Don. et Test., n° 648) ne pensent pas que la sage-femme soit, à raison de sa seule profession, si elle s'y renferme, comprise dans la prohibition de l'article 909 ; M. Vazeille, se fondant sur la parité des motifs de la loi, se décide pour l'opinion

---

(1) Car l'incapacité n'atteindrait pas le médecin seulement appelé en consultation, le pharmacien qui n'a fait que vendre ses remèdes, ni les gardes-malades (MM. Toullier, v, 67 ; Grenier, I, 128 ; Durant., VIII, 253.

(2) MM. Grenier, I, 126 ; Toullier, v, 68 ; Dur., VIII, 251.

contralre..... Conformément à ce que j'ai dit, qu'une incapacité ne peut s'étendre par analogie d'une personne à l'autre, et aussi et surtout parce que le ministère de la sage-femme est toujours d'une durée fort restreinte qui ne lui permettrait pas d'exercer une influence sensible sur l'esprit de la malade, je pense qu'il faut s'en tenir à l'avis de MM. Dalloz et Troplong.

Quoi qu'il en soit, la disposition de l'art. 909 n'a lieu qu'autant que le testament a été fait pendant la maladie *dont le testateur est mort*, car s'il guérit et laisse subsister le legs, il montre par là que sa volonté a été parfaitement indépendante de toute captation : les termes de l'art. 909 sont formels.

Les prohibitions de la loi souffrent des exceptions.

1° Les dispositions rémunératoires faites *à titre particulier*, eu égard aux facultés du disposant et aux services rendus, sont valables ; elles sont véritablement un salaire ; aussi le médecin ne pourrait-il pas, argumentant de l'art. 1023, réclamer en sus ses honoraires (1). Mais il ne serait pas nécessaire que la disposition portât mention qu'elle est rémunéra-

---

(1) MM. Duranton, VIII, 254 ; Toullier, V, 66 ; Vazeille, II, sur l'art. 909, n°s 13, 14.

toire (1). Un arrêt (2) a même jugé qu'*un legs universel* n'était pas nul, s'il était assez peu considérable pour ne pas être exagéré eu égard aux services rendus; une opinion moins radicale consiste à admettre la validité de ce legs, mais sauf la nécessité de le reduire (3).

2° Les dispositions même universelles sont permises en faveur des médecins et autres incapables de l'art. 909, lorsqu'ils sont parents du défunt, au quatrième degré inclusivement, pourvu que celui-ci n'ait pas d'*héritiers* en ligne directe ; et si le médecin était lui-même au nombre de ces héritiers, il serait encore capable malgré la présence des autres héritiers (remarquons que la loi dit *héritiers* et non *parents*). Cette exception que l'art. 909-3° fait à sa règle, est la conséquence de la même idée qui a dicté l'art. 907-3°. Il est universellement admis que l'incapacité de l'art. 909 ne frapperait pas non plus le médecin mari de la testatrice, alors même que le mariage ne se serait fait que pendant sa dernière maladie et en vue de la disposition; dans ce dernier cas, la disposition ne serait pas nulle de droit, mais pourrait être annulée suivant les circonstances (4).

---

(1) Grenier.

(2) Grenoble, 6 février 1830.

(3) Mais le rapprochement des deux alinéas de 909 semble bien exclure cette doctrine, bien raisonnable d'ailleurs en elle-même.

(4) Jurisprudence, M. Duranton.

Ces règles sont applicables au *ministre du culte* qui a assisté le mourant et lui a administré les consolations de la religion ; lui aussi a pu exercer une grande influence sur l'esprit du testateur ; c'en est assez pour le faire déclarer incapable de rien recevoir de lui, et la généralité des expressions : *ministre du culte,* me fait penser, contrairement à l'opinion de M. Toullier (1), que l'art. 909 s'applique non-seulement au *confesseur,* mais encore au ministre protestant, au rabbin, etc. ; l'art. 909 n'irait pas pourtant jusqu'à annuler une disposition faite à un établissement auquel appartiendrait le ministre qui a assisté le testateur, par cela seul qu'il en pourrait profiter dans une certaine mesure.

DES ENFANTS NATURELS.

Il n'est pas nouveau dans notre droit que les enfants naturels soient frappés d'une incapacité de recevoir de leurs auteurs des libéralités au préjudice de la famille légitime; Des Mares, cité par Loisel (*Inst. cout.,* 60), dit que : « bastard, « si fet testament, ce est tant seulement de « meubles et conquests, car *puisqu'il ne suc-* « *cède* (2) *il n'a point d'héritage ;* » et encore

---

(1) v, 70.

(2) On sait que le bâtard d'un noble, reconnu, ne pouvait prendre l'écusson de son père qu'en le croisant d'une barre pour lui et sa descendance.

cette faculté de tester de ses meubles et conquêts ne lui avait-elle pas toujours été accordée aussi pleine; comme les aubains il avait été jusqu'à un certain point considéré comme serf; lisons plutôt l'art. 6 de l'ancienne coutume de Laon, dans les procès-verbaux de rédaction : « et ne peut un espave (serf), ne le bâtard, tes- « ter ne faire testament et par icelui disposer « de ses biens, fors que de cinq sols. » (Voyez Boutellier, *Som. rur.*; Brussel.)

A cette impossibilité presque absolue de tester, correspondait pour eux une incapacité, à peu près absolue aussi, de recevoir de qui que ce soit par testament; ils ne le pouvaient qu'en obtenant des lettres du roi; mais ces prohibitions cessèrent en général depuis un arrêt du Parlement de Paris de 1328, cité par Loisel, et ne furent maintenues que dans quelques coutumes; leur capacité *absolue* devient la règle, leur incapacité, l'exception (1).

L'incapacité relative de recevoir au delà d'une certaine limite de leur père et mère subsista toujours, mais ne fut jamais bien nettement déterminée; l'on suivait à peu près les principes romains dans les pays de droit écrit; dans les pays de coutumes il passa assez généralement en règle qu'ils ne pourraient pas re-

---

(1) Loisel, Inst. cout., 60; Bacquet, du Droit de bâtardise.

cevoir de leurs auteurs des legs universels, mais seulement des dispositions particulières qui ne seraient pas excessives (*non in fraudem*) (1).

L'on sait quels furent sur ce point les principes légers et la morale facile des législateurs de la Révolution, qui ne crurent pas qu'il dût exister une différence entre l'enfant né sous le voile du mariage et l'enfant né dans la débauche (2).

Le Code Napoléon a repoussé cette grossière assimilation de ceux-ci à ceux-là ; restituant au mariage ses droits et sa dignité, il ne voulut pas que l'enfant de l'époux fût confondu avec l'enfant du concubin, et il punit le père qui avait désobéi à la loi morale, en lui défendant de combler le bâtard au détriment de la famille légitime : il accorde à l'enfant naturel des droits de succession assez restreints (articles 756 à 767), plus libéral en cela que l'ancien droit, mais il le déclare incapable de rien recevoir au delà, par donations ou testaments (art. 908) (3). Il est bien entendu que

----

(1) Loisel, Inst. cout., 61.

(2) Loi du 12 brumaire an XI, à laquelle on attacha un effet rétroactif.

(3) Il s'agit, bien entendu, des enfants naturels simples, nés *ex soluto et ex soluta*, car les adultérins et incestueux ont seulement droit à des aliments, et ne peuvent rien recevoir au delà quand

l'art. 908 ne s'occupe que de l'enfant reconnu ; ce point donne lieu à une question assez délicate. Mais je pense qu'en raison de l'art. 959, il faut dire avec M. Duranton (1) que l'art. 908 s'applique aux enfants légitimes du fils naturel, dans leurs rapports avec le père naturel de leur père.

L'art. 908 suppose nécessairement que l'enfant naturel est reconnu, car la recherche de la paternité est interdite (art. 340) (2). La recherche de la maternité étant permise, on peut se demander si elle pourrait l'être, à l'effet de faire réduire une libéralité excessive, contre l'enfant lui-même (art. 341) ; mais ce

---

leur état est constaté, sinon leur capacité resterait pleine et entière, et l'on ne pourrait rechercher contre eux leur filiation [342, M. Duranton, VIII, 230 ; Vazeille, 2, n° 3, sur l'art. 908] ; fût-il d'ailleurs volontairement reconnu par son auteur, car la loi ne valide pas cette reconnaissance, qui pour elle est sans valeur et par conséquent sans effet (voir M. Duranton, VIII, 240, art. 340, 335, Code Nap.; plusieurs arrêts de cass. cités par M. Duranton, t. 3, n°ˢ 205, 206, 207, et par M. Troplong, qui sur ce point établit quelques distinctions défavorables à l'enfant adultérin ou incestueux, et tend à réprouver la doctrine de la cour de cassation, parce qu'elle interprète *pour* l'enfant l'art. 335 qui a été fait *contre* lui, et est contraire aux paroles positives de M. Joubert, tribun (Fenet, XII, page 583). M. Troplong s'appuie aussi sur un arrêt de cass. du 13 juillet 1846, qu'il félicite hautement d'avoir enfin rompu avec la jurisprudence antérieure.

(1) Tome 8, 247.

(2) MM. Vazeille, II, sur l'art. 908 ; Dur., VIII, 237, où sont cités plusieurs arrêts des cours de Limoges et Paris.

serait retourner contre lui une loi qui a été faite en sa faveur, et nullement en faveur de tiers ; la contexture même de l'art. 341 le prouve, et des arrêts l'on ainsi jugé (1).

J'aurais encore, pour compléter ce résumé succinct des incapacités absolues ou relatives de recevoir par testament, à parler des époux dont la capacité de se donner par acte entre vifs ou testamentaire a été restreinte par les art. 1094 et suivants ; mais ce travail serait assez long pour faire à lui seul pour ainsi dire l'objet d'une thèse ; qu'il me suffise donc de rappeler ici cette incapacité, comme aussi de mentionner pour mémoire les dispositions sans grand intérêt des art. 997 et 975.

Sur la question de savoir à quelles époques est nécessaire la capacité chez le légataire universel ou l'institué, le Code ne trace aucune règle positive : nulle part il ne tranche résolument la difficulté ; il faut donc s'en référer sur ce point à notre ancien droit. Dans les pays de droit écrit, l'institué dut être capable au moment de la confection du testament et au moment du décès du testateur, ou de l'arrivée de la condition si l'institution était conditionnelle, car la règle Catonienne y était encore observée ; mais la maxime : *le mort saisit le vif*, avait fait

---

(1) Voir M. Dur., t. 3, n°ˢ 242 et suiv.

rejeter là règle de la loi 49, § 1, *de her. inst.*, d'après laquelle l'institué devait aussi être capable au moment de l'adition : désormais l'adition se confond avec le *dies cedit*, ou plutôt il n'y a plus d'adition. Mais la règle Catonienne ne paraît pas avoir été reçue dans les pays de coutume, même dans ceux où le droit romain, dans le silence de la loi locale, avait reçu l'autorité de droit supplémentaire : les anciens auteurs sont presque unanimes pour le proclamer; les auteurs modernes ne sont pas moins d'accord pour dire que telle est aussi la règle du Code Napoléon, et l'art. 906 donne *a fortiori* une grande valeur à cette opinion; en sorte qu'aujourd'hui la capacité chez le légataire universel n'est exigée qu'à une seule époque : celle du décès du testateur, si la disposition est pure et simple; celle de l'événement de la condition, si elle est conditionnelle (1).

---

(1) Voir les auteurs cités par MM. Merlin, Rép. de jur., Légataire, § 3, n° 1; Zachariæ, t. 5, n° 680 avec la note 9, où est réfuté l'argument tiré de l'art. 1779 contre cette dernière décision.

Du legs universel.

CHAPITRE Ier.

DES CARACTÈRES CONSTITUTIFS DU LEGS UNIVERSEL.

Le législateur du Code Napoléon ayant à résoudre la question de savoir si l'homme pouvait, par un testament, se donner un héritier véritable, représentant de sa personne, a su éviter le formalisme excessif du droit romain et de la jurisprudence des pays de droit écrit, et les rigueurs exagérées qui signalent la législation coutumière dans son zèle pour les intérêts de la famille. Loin d'exiger pour la validité d'un testament que cet acte contienne *une institution d'héritier*, une désignation solennelle de la personne que le testateur veut avoir pour successeur et continuateur de sa propre personne; loin d'annuler, au contraire, les dispositions testamentaires parce qu'elles ont été qualifiées *institution*, comme quelques coutumes exceptionnelles, le Code Napoléon, articles 1002 et 1003, sait heureusement conci-

lier ces principes différents, tout en leur ôtant
ce qu'ils ont d'absolu et de judaïque; désormais
c'est à la volonté seule du testateur qu'il faudra
s'attacher pour valider la disposition qu'il fait
en faveur d'une personne capable; quelles que
soient les expressions qu'il a employées, ses désirs feront loi et seront seuls observés. Néanmoins, le Code n'abandonne pas la famille, et
après avoir assuré ses droits en lui conser-
vant sa réserve, il déclare que le légataire
universel ne sera *saisi* de l'hérédité qu'autant
que le testateur ne laisse pas d'héritiers réservataires, auxquels la loi garantit, avec la réserve, la saisine même du disponible; hors ce
cas, le légataire universel est saisi.... (1). Mais
qu'est-ce qu'un légataire universel ?

L'art. 1003 du Code Napoléon définit le legs
universel : « la disposition testamentaire par
« laquelle le testateur donne à une ou plu-
« sieurs personnes l'*universalité* des biens
« qu'il laissera à son décès. »

C'est à cette *vocation éventuelle* du léga-
aire à l'universalité des biens du défunt
qu'on reconnaît si le legs est universel ou s'il
ne l'est pas, et non pas aux termes que le

---

(1) Je reviendrai sur cette décision des art. 1004, 1005, 1006,
sous le chapitre consacré à la saisine, ci-dessous, pages 217 et suiv.

testateur a employés (art. 1002-2°) (1) ; pour qualifier une disposition de legs universel, on ne s'attache pas à la question de savoir si le gratifié *recueillera* l'universalité des biens du défunt, mais seulement à celle de savoir s'il *est possible* qu'il la recueille ; on néglige le *résultat de fait* pour ne consulter que l'*éventualité de droit* ; l'on aperçoit tout de suite qu'un légataire universel peut *ne rien recueillir* (2), tandis qu'un légataire particulier recueillera peut-être tout (3). Ce principe que la vocation éventuelle du gratifié à l'*universalité* des biens du testateur détermine seule la qualité de légataire universel, suffit à résoudre toutes les questions, toutes les difficultés que peut faire naître la nécessité de qualifier un legs (4). Ainsi, les décisions suivantes doivent être acceptées sans hésitation.

---

(1) MM. Zachariæ, 5, § 711 ; Merlin, Rép. de Jur.

(2) C'est ce qui arrivera quand le testateur, après avoir institué un légataire universel, épuise *tout* son patrimoine en dispositions particulières ou même à titre universel, parce qu'il a *vocation éventuelle* au tout ; si aucune de ces dispositions ne produit son effet, c'est en effet lui qui profitera de leur caducité.

(3) Cela arrivera si le testateur lègue à titre particulier au même légataire *tous* les objets qui composent son patrimoine.

(4) Dans notre ancienne jurisprudence, on donnait le nom de legs universel indistinctement aux legs *universels* et aux legs à *titre universel* du Code Napoléon (Merlin, Rép. de Jur., v° Légataire ; Pothier, Traité des Donat. et Test., id. sur la cout. d'Orl.).

Je lègue à Primus tous mes biens.... Le legs
est universel, alors que les biens seraient absorbés, en tout ou en partie, par des legs particuliers, car il y a vocation de Primus au tout
pour le cas où les legs, pour une cause quelconque, resteraient sans effet. *Je laisse à Primus,
Secundus et Tertius, tous mes biens....* Les trois
institués sont encore légataires universels,
car, au défaut de l'un, les autres sont appelés
à recueillir sa part *jure, non crescendi, sed non
decrescendi, concursu tantum partes fiunt.* Mais la
disposition: je lègue mes biens à Primus, à Secundus et à Tertius, chacun pour un tiers, ou
bien: je lègue de mes biens, un tiers à Primus,
un tiers à Secundus, un tiers à Tertius, ne
serait qu'un legs de quotité, un legs à titre universel (art. 1010) laissé à chacun des gratifiés,
car la défaillance de l'un ne profiterait pas aux
autres, mais bien à la succession légitime; dès à
présent, leur vocation est restreinte à une
quote-part, et ne peut s'étendre à l'universalité; le legs n'est donc pas universel (1).

Il ne faudrait pas douter non plus que le *legs*

---

(1) Mais, suivant l'art. 1002, il ne faudrait pas s'en tenir aux
termes du testament s'il apparaissait que l'intention du testateur
n'a pas été de restreindre ainsi leur vocation, mais seulement
d'indiquer un mode de partage (Cass., rej. 18 octobre 1809; 19 octobre 1808; 14 mars 1815).

du disponible ne fût un legs universel, car le testateur peut, à sa mort, ne pas laisser d'héritiers réservataires, et dans ce cas le disponible comprend l'universalité même des biens; un semblable legs contient donc la vocation éventuelle à l'universalité, qui est le caractère distinctif du legs universel. La même décision serait applicable alors même que le testateur aurait légué sa quotité disponible. Malgré la limitation apparente qui semble résulter du mot *quotité*, une saine interprétation de la volonté du disposant la rejette. Je pense même que la circonstance qu'au moment où a été fait le testament il existait des héritiers réservataires, ne devrait pas, en principe, empêcher de voir dans une semblable disposition un legs universel (1), parce que le testateur, se reportant par la pensée à l'époque où sa volonté doit produire son effet, a sans doute prévu que ces héritiers pourraient alors ne plus exister ; mais l'on serait forcé de n'y voir qu'un legs à titre universel s'il paraissait évident que le testateur n'a eu en vue que le disponible, tel qu'il se comportait au moment de la confection du testament, n'a voulu léguer que ce qui, à ce mo-

---

(1) M. Duranton, IX, 183, signale néanmoins une différence saillante et remarquable entre un semblable legs et celui de l'universalité des biens, bien que tous deux soient legs universels.

ment, se trouvait disponible ; et c'est surtout de l'ensemble des dispositions du testament que cette intention devrait s'induire.

Malgré les doutes de quelques interprètes anciens, il faudrait décider, avec Pothier (1), que le legs *du surplus* fait après des legs particuliers, est un legs universel (2) ; mais si le legs *du surplus* ne venait qu'après un legs de quotité, il faudrait n'y voir aussi qu'un autre legs de quotité, c'est-à-dire à titre universel (3), à moins que le testateur, au lieu de dire qu'il lègue *le surplus*, ne dise qu'il lègue tous ses biens, ou qu'il institue un tel son légataire universel. L'on reconnaîtrait alors, à cette disposition, le caractère de legs universel que le testateur a voulu lui donner, et qu'elle a en effet, puisque le second légataire profiterait, le cas échéant, de la caducité ou de la nullité du premier legs (4) (arg., art. 1011, Code Nap.).

Je crois, enfin, qu'il faudrait reconnaître des legs universels dans la disposition faite à titre particulier, en faveur de plusieurs personnes, mais comprenant tous les biens du disposant, et avec cette clause que si des biens nouveaux

---

(1) Intr. à la cout. d'Orl.; titre XVI, sect. 8, § 4, n° 142.

(2) M. Dur., IX, 187 ; Toullier, V, 512, 513 ; Zach., V, § 711.

(3) Doctrine à peu près unanime. MM. Duranton, IX, 186 ; Toullier, V, 512 ; Coin-Delisle, Zachariæ et d'autres.

(4) M. Duranton, IX, 181.

restent au moment de sa mort, ils se partageront entre les légataires au prorata de leurs legs (1).

Sachant ce qu'est un legs universel et quels sont les caractères qui le rendent tel, je dois, pour étudier les effets qu'il doit produire, diviser la matière en quatre parties, dont chacune fera l'objet d'un chapitre spécial : *la saisine héréditaire, l'envoi en possession, la jouissance des fruits, les dettes et charges de la succession.*

CHAPITRE II.

DE LA SAISINE HÉRÉDITAIRE.

Rien n'est moins clair que les règles du droit ancien sur la saisine héréditaire ; sous ce titre, deux questions sont comprises qu'il faut distinguer avec soin : 1° la transmission de la propriété, par suite du legs universel, ou plus généralement des dispositions testamentaires ; 2° transmission de la possession par les mêmes causes, ce qui a *plus particulièrement* (2) le nom de saisine héréditaire ; propriété, posses-

____

(1) M. Zachariæ, v, § 711, note 9.
(2) Je ne dis pas exclusivement.

sion, ce sont là deux choses qu'à mon sens
il ne faut pas confondre, si l'on veut ne pas se
perdre dans les détails, et peut-être dans la
subtilité de la législation ancienne sur la saisine héréditaire.

§ 1er. — De la transmission de la propriété.

Le droit romain, sur ce point, ne laisse pas
que d'offrir quelque difficulté, faute d'un texte
qui traite la question d'une manière positive
et méthodique. Voici cependant, quelques principes qui ne me paraissent pas douteux.

Le droit romain distingue trois classes d'héritiers : *les héritiers siens et nécessaires, les héritiers nécessaires et les héritiers externes;* ceux
des deux premières classes, leur nom l'indique
assez, ne pouvaient pas ne pas être héritiers
de celui qui les avait institués; leur relation
de parenté ou d'obéissance avec lui leur faisait une nécessité de continuer sa personne,
quand il en avait manifesté la volonté; les
autres, au contraire, *ne devenaient héritiers* que
s'ils le voulaient bien. Le *dies cedit* n'ouvrait à
leur profit que le droit de devenir héritiers,
mais ne les rendait pas héritiers *ipso jure;*
l'on comprend *a priori* que la propriété des
choses héréditaires ne passa pas de la même
manière sur la tête des uns et des autres;

pour l'héritier sien et nécessaire et pour l'héritier nécessaire, la propriété est acquise au moment même du *dies cedit;* car, à ce moment même, il est héritier, *sive velit, sive nolit;* il est donc constitué propriétaire de l'hérédité; il représente immédiatement le défunt, sans solution de continuité dans sa propriété......
Mais il en est autrement pour l'héritier externe; c'est pour lui qu'est faite la règle fameuse : *heredilas non adita non transmittitur.* S'il ne peut la transmettre, c'est donc qu'il n'en est pas propriétaire; l'adition seule lui donnera cette propriété que la mort du testateur ne lui a pas pu conférer, et elle la lui donnera alors avec un effet rétroactif (1). La règle ci-dessus fut, il est vrai, écartée dans plusieurs cas qui paraissaient particulièrement favorables; elle fut même modifiée en faveur de l'institué quelconque, en ce sens qu'il put transmettre l'hérédité ouverte à son profit, mais non encore *adita, s'il mourait dans l'année depuis la connaissance qu'il avait eue du droit auquel il était appelé;* mais ce n'était pas là une abrogation de la règle, qui resta générale ; et l'on peut dire ainsi que la propriété ne passait pas sur la tête de l'institué par la mort du testateur, même dans

---

(1) Marezoll-Lehrbüch : der Institutionen der Römischen rechtes, § 213. Mühlenbruch, *doctrina Pandectarum,* 693-694; Pothier, Traité des successions, ch. 3, sect. 2.

les cas prévus et sous les conditions prescrites par les textes qui restreignirent la règle ; mais que dans ces cas exceptionnels, par une sorte de fiction dictée par l'équité, la loi prolongeait pour ainsi dire la vie de l'institué. Quoi qu'il en soit, et en admettant même que cette explication ne soit pas exacte, il faudrait toujours reconnaître que la règle *hereditas non adita non transmittitur* étant restée applicable dans le plus grand nombre des cas, c'est-à-dire toutes les fois que l'institué ne se trouvait pas dans une position privilégiée, ou ne mourait pas dans l'année, il est exact de dire d'une manière générale que la propriété n'était pas transmise à l'institué *externe* dès le moment du *dies cedit*, mais seulement au jour de l'adition (1).

-----

(1) Textes à l'appui :

L. 23, *de adquir. vel omit. posses.* :

« Cum heredes instituti sumus, adita hereditate omnia quidem « jura ad nos transeunt : possessio tamen nisi naturaliter com- « prehensa ad nos non pertinet. » Nous verrons plus loin l'importance de cette seconde partie de ce texte ; mais la première fixe positivement l'époque de la transmission de la *propriété* à l'adition de l'hérédité.

Textes portant modification de la règle *hereditas non adita non transmittitur.*

L. 19, Code, *de jure delib.* ; Justinien.

Résumé : Elle sera transmise dans l'année si l'héritier meurt dans ce délai sans avoir pris parti.

Avant cette constitution :

Voilà les principes qui réglèrent la transmission de la *propriété* (1) de l'hérédité du défunt à l'héritier, soit institué, soit ab intestat, car les textes traitent l'un comme l'autre (2).

Au risque de sortir de mon sujet, qui n'a nul trait aux legs, je crois utile, pour compléter ce résumé de la législation romaine, de dire d'après quelles règles se transmettait la *propriété* du legs au légataire.

Dans le droit antéjustinianéen on distinguait quatre formes de léguer :

1° Le legs *per vindicationem*, qui par lui-même opérait translation de la propriété de la

---

L. uniq., Code, § 5, *de caducis toll.*

Certaines personnes (enfants émancipés ou enfants héritiers de leur mère) sont exceptées de la règle.

L. 18, § 1, Code, *de jure delib.*, § 2 et 3...

L'institué étant un *infans*, et mourant avant qu'on eût fait adition en son nom, son père lui survivant peut faire encore adition et acquérir ainsi l'hérédité.

Dig., titre, *de s.-c. Silaniano et Claudiano.* Ce sénatusconsulte empêchait de faire adition avant que les esclaves du testateur n'eussent été mis à la question, s'il avait été assassiné; notamment L. 3, § 30, et L. 5; — L. 4, § 3; L. 5, *de bon. posses. cont. tab.*; L. 12, *de carb. edicto;* L. 30, pr., et 86, *de adq. vel omit. hered.;* loi qui formule elle-même la règle à laquelle elle fait exception... Ces textes prouvent que la règle fléchissait quand l'héritier mourait sans avoir fait adition, mais que ce retard provenait d'une cause légale.

(1) La loi 23, *de adq. vel omit. posses.*, la distingue bien nettement de la possession.

(2) L. 19, Code, *de jure delib.*

chose léguée au profit du légataire ; quant à l'époque où s'opérait cette translation, les Sabiniens la plaçaient à *l'adition de l'hérédité* (1), les Proculéiens la reculaient au moment où le légataire acceptait la disposition, et un rescrit d'Antonin le Pieux semblait avoir consacré cette opinion (2).

2° Le legs *per damnationem* ne donnait au légataire qu'un droit de créance à la chose léguée ; c'est dire que la propriété ne passait pas au légataire par le seul effet du legs, mais seulement par la délivrance, la tradition qui lui en était faite (3) ; aussi la chose d'autrui pouvait-elle être léguée *per damnationem*, tandis qu'elle n'eût pas pu l'être *per vindicationem*.

3° Le legs *sinendi modo*, qui permet au légataire de prendre lui-même possession de la chose léguée, est-il par lui-même translatif de propriété ? M. Merlin le pense (4) ; mais je crois qu'en cela l'illustre auteur du Répertoire fait violence au § 213 du Com. II de Gaïus (5), dont le texte est on ne saurait plus formel : *sicut au-*

---

(1) *Etiam ignorante legatario* ; sauf la résolution rétroactive, si le légataire, venant à connaître le legs, le répudiait.

(2) Gaïus, com. II, § 193 et suiv.

(3) Gaïus, com. II, § 201 et suiv.

(4) Rép. de Jur., Légataire, § 5, 11.

(5) Ce qui s'explique à merveille, les Instituts de Gaïus étant encore ignorés lorsque M. Merlin exprimait cette opinion.

tem per damnationem legata res non statim *post
aditam hereditatem legatarii efficitur, sed manet
heredis eousque donec is heres tradendo, vel man-
cipando, vel in jure cedendo, legatarii eam fecerit,*
ita et in sinendi modo legato juris est...; d'où il
faut nécessairement conclure que la propriété
n'était transférée au légataire que par la tradition qui lui était faite de la chose léguée, ou
par la possession qu'il en prenait lui-même.

4° Enfin *le legs per præceptionem*, qui n'était
qu'un prélegs fait à un des héritiers, suivant
du moins le sentiment des Sabiniens, ne pouvait produire son effet que par l'action *familiæ erciscundæ;* par une adjudication : la propriété n'était donc pas transférée *ipso jure*,
l'intervention du juge de cette action était nécessaire (1).

Justinien supprima ces distinctions, il accorda
à tous les légataires indistinctement l'action en
revendication (2); d'où il résulte que désormais tout legs est par lui-même translatif de
propriété; de là la loi 80, *de legatis*, 2°, qui
déclare que la propriété passe du défunt au
légataire *recta via*, par le seul effet du legs, et
non par le fait de l'héritier; la loi 64, *de furtis*,
Dig., n'est pas moins formelle. Mais à quelle

____

(1) Gaïus, com. II, § 216 et suiv.
(2) L. 1, Code, *communia de legatis*.

époque a lieu cette translation de propriété *recta via ?* Les deux textes cités semblent, par cette expression même *recta via*, la fixer à la mort du testateur ; cependant le legs n'ayant de consistance que par l'adition d'hérédité qui assure seule l'exécution du testament, comment pourrait-il produire un effet avant même qu'il ne soit certain s'il est valablement fait? Aussi, selon Gaïus, com. 2, § 195, et la loi 44, § 1, *de legatis*, 1°, la translation de propriété ne se place-t-elle qu'au moment de l'adition ; ces contradictions trouvent leur explication dans l'effet rétroactif attaché à l'acceptation ; le légataire est propriétaire, mais sous la condition résolutoire de sa renonciation, avec effet rétroactif, au jour de l'adition ; l'acceptation ne ferait que consolider la propriété sur sa tête ; aussi les textes ne lui attribuent-ils pas cette propriété *si acceperit*, mais *si non repudiaverit.* Il est propriétaire du jour de l'adition ; d'un autre côté, l'héritier par l'adition est censé propriétaire du jour de la mort du testateur (1) ; le jour de l'adition se confond donc avec celui de la mort du testateur, en sorte que Gaïus et la loi 44, *de leg.*, 1°, ne sont pas en opposition avec la loi 80, *de leg.*, 2°, et 64 *de furtis;* tel est du moins l'avis de Voët ;

____

(1) *De adq. vel omit. hered.*, L. 54.

M. Merlin, s'en tenant à la loi 80, *de legatis*, 2°, pense que la loi 44, *de leg.*, 1°, n'est plus vraie depuis l'abrogation des lois caducaires qui avaient reculé le *dies cedit* à l'adition d'hérédité, et il décide que la translation de propriété a lieu au moment même de la mort du testateur, c'est-à-dire du *dies cedit* (1). J'hésite, je l'avoue, à admettre cette opinion; d'abord parce que selon ce que j'ai dit plus haut, il est difficile d'admettre que le legs, qui n'a de consistance que par l'adition, produise son principal effet avant cette adition (sauf résolution sans doute); ensuite, parce que les lois caducaires avaient reculé le *dies cedit* non pas au jour de l'adition, mais seulement au jour de l'ouverture des tablettes du testament, ainsi qu'Ulpien le déclare positivement (2); et quant à la translation de propriété *recta via* du défunt au légataire dont il est parlé en la loi 80, *de legatis*, 2°, je pense qu'elle peut s'expliquer sans supposer qu'elle a lieu au moment même de la mort du testateur; on sait que l'hérédité jacente représente ce dernier; c'est donc d'elle au légataire que la propriété est transmise, au moment de l'adition, *sine facto heredis*, sans s'être reposée un seul instant sur

____

(1) Nous sommes toujours dans l'hypothèse d'un legs pur et simple.

(2) Frag., tit. 24, § 30.

la tête de cet héritier; mais l'hérédité jacente se confondant avec le défunt, c'est comme si la propriété était passée *recta via* de lui au légataire (1).

Il faut donc tenir pour certain que la propriété est transmise en droit romain par le seul effet du legs ; le moment seul de la transmission peut être douteux : quant à moi, je le place plus volontiers au moment de l'adition (2). Les principes de notre droit ancien sur l'effet translatif de propriété attribué au legs (3) ne sont pas fort différents des principes romains. La propriété passe *recta via* du défunt au légataire; Pothier (4) n'en fait aucun doute, d'où il conclut que l'héritier ne pourrait valablement aliéner la chose léguée ; d'où il conclut aussi que si cette chose était un fonds voisin d'un héritage qui lui appartient, et s'il existait entre les deux héritages une servitude, cette

____

(1) L'on peut argumenter contre cette explication de la loi 54, *de adq. vel omit. hered.*, mais je répondrais, avec la loi 193, *de regulis juris*, que cette loi 54 n'est pas absolue.

(2) Le principe que le partage de la succession entre les héritiers, en droit romain, est *attributif* et non déclaratif, n'est pas contraire à cette doctrine; car s'il est attributif, ce n'est pas du défunt à chacun des héritiers, mais bien des cohéritiers aux cohéritiers entre eux.

(3) Je ne parle pas ici de la transmission de la propriété aux héritiers ab intestat; elle trouvera place avec l'explication de la maxime : « Le mort saisit le vif. »

(4) Traité des Don. test., ch. 5, sect. 2, § 2.

servitude ne serait pas éteinte par confusion ; le légataire, comme en droit romain, aura l'action en revendication contre les tiers qui ne pourront pas exciper contre lui du défaut de saisine, du moins dans les pays de droit écrit ; car, dans les pays coutumiers, cette action n'est recevable que si le légataire a obtenu le consentement de l'héritier saisi, ou s'il l'assigne en délivrance en même temps qu'il appelle le tiers détenteur en cause pour s'entendre condamner à déguerpir (1). Cette règle se déduisait de la nécessité où est le légataire, pour être *saisi*, de demander et d'obtenir la délivrance de l'héritier. Écoutons sur ce point Pothier, dans son Introduction sur la Coutume d'Orléans, titre des Testaments, sect. 6, art. 1er ;

« La propriété des choses léguées, lorsque
« ce sont des corps certains dont le défunt
« est propriétaire lors de son décès (2), est
« transférée de *plein droit*, par *la vertu de la*
« *loi*, en la personne des légataires ou fidéicom-
« missaires, dès l'instant de l'ouverture du legs

---

(1) Merlin, Rép., Légataire, sect. v, 10.

(2) Il est évident que si le legs est d'une chose déterminée seulement dans son espèce, ou d'une somme, ou de la chose d'autrui, il ne saurait être translatif de propriété.

Mais si le legs était universel, dans le sens du Code Napoléon, il transférerait la propriété de tout ce qui appartenait au défunt, sauf les droits des réservataires, s'il y en a, car il comprend une universalité.

« ou fidéicommis et par conséquent dès l'ins-
« tant de la mort du testateur, si c'est un legs
« qui, n'étant suspendu par aucune condition,
« est ouvert dès ce temps (art. 711, Cod. Nap.).
« .... Néanmoins la possession des choses
« léguées demeure par devers l'héritier (ar-
« ticle 1014, Cod. Nap,).... Le légataire ou fi-
« déicommissaire, *quoique devenu propriétaire*
« des choses léguées, ne peut donc pas de lui-
« même s'en mettre en possession ; il faut qu'il
« s'en fasse saisir. »

Dans son traité des donations testamentaires,
Pothier enseigne exactement et presque en
termes identiques, la même doctrine ; si le legs
était conditionnel, l'héritier serait propriétaire
provisoire de la chose léguée, sauf résolution de
son droit, avec rétroactivité au profit du légataire, si la condition se réalise (1).

Ces décisions, qui s'appliquaient aussi bien
au legs universel qu'à toute autre disposition
testamentaire, devraient encore être données

---

(1) C'est aussi ce qu'enseigne Pothier ; mais il suppose que la condition est suspensive, car si elle était résolutoire, le légataire serait propriétaire provisoire, sauf résolution avec rétroactivité au profit de l'héritier.

Remarquons dès à présent le soin avec lequel, dans le passage ci-dessus transcrit, Pothier sépare la possession de la propriété, et donne à la saisine pour effet la translation de la première seulement.

sous l'empire du Code Napoléon; le legs est une manière d'acquérir la propriété, il en est par lui-même translatif, je n'en veux pour preuve que l'art. 711 du Code Napoléon, et l'art. 1014-1°; mais il n'est pas translatif de possession (1014-2°); néanmoins pour le legs universel le Code Napoléon apporte à l'ancien droit une modification notable par la distinction introduite par les art. 1004 et 1006 dont j'aurai à m'occuper sous le paragraphe suivant (1).

§ 2. — De la transmission de la possession.
De la saisine proprement dite.

Ce titre a tout d'abord besoin d'être expliqué; l'on en pourrait conclure que la saisine ne s'applique qu'à la possession, et non à la propriété; telle n'est pas mon idée, ce serait circonscrire dans de trop justes limites l'action de la maxime : *le mort saisit le vif;* mais je pense qu'il y aurait à distinguer entre la saisine de la propriété et celle de la possession qui me paraît indépendante de la première; faute de faire cette utile distinction, et parce que l'on emploie la même expression *saisine*

---

(1) Pour les effets qui résultent de cette translation de propriété par l'effet seul du legs, voir plus bas, pages 244 et suiv.

pour qualifier deux actes juridiques très différents, l'on tombe dans une véritable confusion.
et il devient impossible de ramener à un principe certain toutes les règles que nous rencon-
trons dans l'ancien droit et qui doivent encore
nous servir dans l'étude des art. 1004 et 1006
du Code Napoléon.

Brodeau, sur la Coutume de Paris, titre des
Fiefs, art. 82, dit que la saisine est la *possession*
qui est livrée entre les mains d'un autre, sans
appréhension de fait ; l'ancienne coutume de
Bourgogne, dans son art. 310, disait que « la
« possession est continuée de la personne morte
« à son propre hoir, combien qu'il ne l'ait
« prinse corporellement, et est une chose qui
« est dit vulgaument : *mortuus saisit vivum et*
« *investit.* » D'un autre côté, nous voyons que
l'héritier n'est pas propriétaire des objets
légués dont il est pourtant saisi (Pothier, passage cité, page 227) ; que le légataire en est au
contraire propriétaire, bien qu'il n'en ait pas
la saisine; la loi 23, *de adq. vel omit. posses.*, fait
bien nettement la même distinction; *adde*
art. 711, 1014, Cod. Nap.; qu'en conclure, sinon
que la saisine concerne exclusivement la possession et n'a nul trait à la transmission de la
propriété? conclusion bien simple, bien méthodique, qui satisfait d'une manière toute mathématique aux rigueurs de la logique la plus

sévère, conclusion qui serait admise sans hésitation, si nous n'avions pour résoudre le problème de la définition de la saisine que les éléments que je viens de citer ; mais voici que d'un autre côté viennent les preuves que la saisine n'est pas étrangère à la transmission de la propriété même des choses héréditaires : c'est l'ancien droit lui-même qui distingue la *saisine de droit* de la *saisine de fait* (Loisel, 317, et la note), la saisine simple de la saisine vraie : la saisine simple de fait c'est la possession pure et simple ; la saisine vraie de fait, c'est une possession suffisante (d'an et jour) pour avoir les actions possessoires, en telle sorte que « saisine comprend et dénote possession, et « naît saisine de possession et non *e contra* »(1). Mais la saisine de droit donne le pétitoire, elle se peut comparer à la propriété, avec laquelle on la confond (saisine, seigneurie, droiture)(2). C'est la maxime fameuse : *le mort saisit le vif*, qui, dans l'origine du moins, dut ne pas avoir le sens restreint que lui donne l'art. 310 de l'ancienne coutume de Bourgogne, et s'applique certainement à la transmission de la propriété elle-même. D'autres preuves encore, des plus convaincantes, et notamment le discours de

---

(1) Grand-Coutumier, liv. 2, ch. 4.
(2) Klimrath, de la Saisine, Revue de législ., t. 2.

M. Siméon au Corps législatif, où il exalte les beaux résultats de la saisine, qui ne laisse pas la *propriété* en suspens un seul instant (1), pourraient établir péremptoirement que la *saisine* concerne la propriété aussi bien que la possession ; est-ce à dire qu'elles détruisent la valeur des observations en sens contraire que j'ai présentées plus haut ? Je ne le pense pas, et toute contestation sur ce point vient d'un malentendu ; si nous ne voyons dans la *saisine* qu'un fait juridique ayant un caractère particulier, unique, si je puis ainsi parler, destiné à produire certains effets déterminés, et si nous cherchons dans les lois la détermination précise de ces effets, nous nous engagerons dans un dédale où il nous sera bien difficile de trouver le sentier qui conduit à l'issue, où il sera plus difficile encore de nous maintenir jusqu'au bout; mais si par le mot *saisine* nous entendons *nantissement*, et c'est là je crois son sens primitif et véritable, si nous y voyons un fait juridique complexe, se pliant aux diverses relations de droit qui peuvent exister entre les

---

(1) « La saisine…, utile et belle conception au moyen de laquelle
« la *propriété* ne reste jamais en suspens et reçoit, malgré les
« vicissitudes et l'instabilité de la vie, un caractère d'immutabilité
« et de perpétuité ; l'homme passe, ses biens et ses droits de-
« meurent; il n'est plus, d'autres lui-même continuent la pos-
« session et ferment subitement le vide qu'il allait laisser. »

hommes et les choses, par exemple à la propriété et à la possession, il me semble que la lumière se fera dans cette obscurité, que l'on pourra, avec certitude, distinguer *la saisine ou transmission de la propriété*, *de la saisine ou transmission de la possession*, se conformant ainsi à la vieille distinction de la *saisine de droit* et de la *saisine de fait* (1); au lieu d'employer la même expression pour désigner deux choses différentes, et d'en venir ainsi à confondre l'une et l'autre, donnons à chacune d'elles un nom particulier et, dans ce qui nous reste à dire, faisons à l'une et à l'autre la part qu'elles ont eue dans les décisions de la loi ancienne ou actuelle. Déjà j'ai parlé de la saisine de la propriété (2) attribuée aux héritiers du droit romain et aux légataires, soit du droit romain, soit du droit français ancien; il me reste à traiter de la saisine de la possession (3), et à propos de la maxime: *le mort saisit le vif*, de celle de la propriété au profit des héritiers légitimes, seuls reconnus du droit coutumier.

---

(1) Le Grand-Coutumier, cité par Loysel, 317, justifie bien cette distinction : « Le successeur en est du tout *saisi de droit*, et ne lui « est nécessaire d'aller ni au seigneur, ni au juge, ni autres; mais « de son autorité se peut de fait *ensaisiner*, et lui est nécessaire « cette appréhension de fait avant qu'il se puisse dire avoir *saisine* « *entière*»; ainsi, la *saisine entière* se composerait de la *saisine de droit* (propriété) et de la *saisine de fait*, appréhension (possession).

(2) Saisine de droit.

(3) Saisine de fait.

DE LA MAXIME *le mort saisit le vif.*

Les héritiers *sui* du droit romain non-seulement étaient propriétaires de l'hérédité, mais encore possesseurs, puisqu'ils ne faisaient qu'une seule et même personne avec le défunt; ils se succédaient pour ainsi dire à eux-mêmes. Quant à l'héritier externe, par l'effet de l'adition, le mort le saisit de la propriété (loi des Douze Tables), mais non de la possession qu'il devra recevoir du magistrat (loi 23, *de adq. vel omit. posses.*). Quelques auteurs ont cru apercevoir l'origine certaine de la règle *le mort saisit le vif* dans les lois germaines; et il faut reconnaître que le *condominium* de la famille peut n'y être pas resté complétement étranger; mais la maxime qu'a recueillie la coutume de Paris dans son art. 317 est surtout due à une réaction contre les institutions féodales; au moyen âge, toutes les terres prirent un caractère de féodalité; l'alleu disparut presque complétement, le fief et la censive se partagèrent tout le territoire; l'une, fruit de concessions qui ne furent d'abord que des bénéfices viagers; l'autre, fruit de cessions faites aux seigneurs par le petit propriétaire qui avait sacrifié l'indépendance de sa propriété à la sécurité de sa possession et de sa jouissance (1).

L'on sait les obstacles contre lesquels dut lutter pour prévaloir enfin le principe de la patrimonialité des fiefs; ces luttes avaient amené une transaction; le tenancier du fief ne put en assurer la possession à ses successeurs, et la libre disposition de son vivant, que sous les trois conditions : du droit de relief ou *rachat*, du droit de mutation (ordinairement le quint et le requint) et du retrait féodal. C'est contre le droit de relief ou rachat que la maxime *le mort saisit le vif* eut pour but de réagir; à la mort du tenancier, la tenure féodale *était censée* faire retour au seigneur de qui elle était tenue, comme dans le principe elle le lui faisait effectivement; mais le seigneur auquel on *rachetait* le fief devait en investir les héritiers du tenancier; cette investiture, on le conçoit, comprenait la propriété aussi bien que la possession : c'était une *saisine entière* (2). C'est cette nécessité de l'investiture féodale que le grand coutumier de Charles VI fait ressortir en ces termes : « ... et si c'est un *fief noble, saisine de* « *droit* n'est acquise sans foi, car le seigneur « direct est *avant saisi* que l'héritier; mais par

---

(1) *La recommandation* et les *patrocinia vicorum* sont peut-être l'origine de ce grand mouvement des terres vers la censivité.
(2) Voir ci-dessus la note 1, page 233.

« faire hommage et par relief, le seigneur di-
« rect doit saisir l'héritier. » Les mêmes efforts
qui avaient eu pour but et pour résultat la patrimonialité des fiefs durent tendre à les affranchir de cette dernière entrave. La restau-
ration du droit romain, la vogue singulière dont
il jouit à la fin du moyen âge, furent d'un secours immense contre les droits du fisc féodal ;
les légistes abusèrent étrangement des principes de la transmission de l'hérédité aux héritiers siens, pour prétendre que, dans notre
droit, les héritiers succédaient *recta via* à leur
auteur; vrais pour les terres indépendantes,
ces principes étaient repoussés par l'état de la
propriété qui les renfermait toutes dans le
réseau féodal. Ils triomphèrent néanmoins, mais
avec un succès divers, selon qu'il s'agit de les
appliquer à telle ou telle classe de terres.

Tandis que nous venons de voir plus haut,
par le Grand-Coutumier que le fief noble donnait lieu à rachat et que par suite la maxime
le mort saisit le vif ne s'y appliquait pas, déjà
l'auteur de ce même livre enseignait qu'elle
s'appliquait aux autres fiefs : « Le successeur
« en est du tout saisi de droit, et ne lui est
« nécessaire d'aller ni au seigneur, ni au juge,
« ni autre, mais de son autorité se peut de
« fait ensaisiner, et à lui est nécessaire cette
« appréhension de fait avant qu'il se puisse
« dire avoir saisie entière... »

Mais ceci appelle une distinction : pour les fiefs le mort saisit le vif, mais seulement en ligne directe ; l'héritier collatéral doit payer le relief : il n'est pas saisi ; de là l'art. 3 de la coutume de Paris : « Quand aucun fief eschet « par succession de père, mère, ayeul ou ayeule, « il n'est dû au seigneur féodal du dit fief, par « les descendants *en ligne directe*, que la bouche « et les mains, avec le serment de fidélité. » La fin même de l'article prouve qu'exceptionnellement le relief était accordé au seigneur même pour la succession directe, notamment par la coutume de Vexin-le-Français. Mais partout il était dû en succession collatérale (art. 33, Cout. de Paris), et Brodeau explique, ce qui est assez curieux, cette différence par le *condominium* qui existe entre le père et les enfants.

Mais remarquons que, tandis que d'après les termes du Grand-Coutumier le mort ne saisit le vif que *de droit*, et que le vif a encore besoin, pour avoir la *saisine entière*, d'une appréhension *de fait*, la coutume de Paris, art. 3 et 318, n'exige plus cette prise matérielle de possession ; la fiction, *le mort saisit le vif*, agit au point de vue de la possession aussi bien qu'au point de vue de la propriété : la *saisine de droit* et *celle de fait* se réunissent et se confondent.

Enfin, dans les successions à des censives, qui ne comportaient pas l'hommage, pour lesquelles le lien féodal était moins direct, la règle *le mort saisit le vif* se fit accepter sans réserve; elle fut reçue même en succession collatérale, ainsi que pour les terres roturières (1).

C'est ainsi que la règle *le mort saisit le vif* devint un des principes fondamentaux de notre droit, et sous l'empire des mêmes causes, des mêmes besoins que dans les pays de droit coutumier, elle pénétra et se fit accepter même dans les pays de droit écrit (Pothier, *des Successions*, ch. III, sect. II), bien que contraire au droit romain. Mais entre les deux droits, droit écrit et droit coutumier, il y eut cette différence que le premier étendit la maxime aux héritiers institués, car le testament faisait de véritables héritiers, tandis que le second la réserva toujours pour l'héritier du sang, le testament ne pouvant faire que des légataires (2).

Enfin la maxime *le mort...* fit encore un dernier progrès; nous avons vu qu'elle eut d'abord pour effet de donner à l'héritier une

---

(1) Sauf peut-être dans la coutume de Bretagne, où même pour ces terres le mort saisit le vif en directe, et la justice en collatérale (art. 41).

(2) Même dans les coutumes dites du nantissement, dans lesquelles la propriété et la possession ne se transmettaient que par un *acte* de *saisine* et *dessaisine*, de *vest* et *devest*, d'*adhéritance* et *deshéritance*, l'introduction de la maxime fit écarter les règles prescrites par les coutumes, qui y faisaient exception pour la transmission par succession.

saisine de droit, mais qu'elle ne le dispensait pas de prendre la *saisine de fait* (1), puisqu'elle eut pour effet de conférer les deux, la propriété et la possession ; elle fut encore entendue en un autre sens : elle reçut son application au profit de l'héritier, alors même que le testament faisait un légataire universel, ou épuisait tout le disponible en legs particuliers ; même dans ce cas, bien que les légataires fussent *propriétaires* (2) *ipso jure* par la mort du testateur, on n'en décidait pas moins que l'héritier du sang était *saisi*, à titre d'hoir le plus proche habile à succéder (Cout. de Paris, 318) ; dans ce cas la maxime n'avait donc pour effet que de transférer à l'héritier proprement dit la possession seulement et non la propriété ; ce qui permet de paraphraser ainsi la règle : l'héritier devient *ipso jure propriétaire et possesseur* de biens qu'il doit recueillir ; de ceux qu'en fait il ne doit pas recueillir, il devient seulement

---

(1) La preuve s'en trouve dans ce passage de Beaumanoir sur la coutume de Beauvoisis :

« Se aucuns ne li empesche saisine, il ne li est pas mestier que
« il en face demande ; car il peut entrer en la chose dont droit et
« coustume li donne la sésine sans parler à seigneur ; » la saisine héréditaire ne donnait donc pas encore la possession, mais permettait de la prendre de sa propre autorité (Rigaut, Revue étrangère et franç. de législ., t. 9).

(2) *Supra*, page 227.

possesseur (1). Ce n'est qu'en distinguant ainsi les diverses hypothèses qu'on peut dire, avec une égale exactitude, que la saisine a pour effet la translation de la propriété et de la possession, ou seulement celle de la possession (2).

C'est encore la même distinction qu'il faut faire avec les art. 1004 et 1006 du Code Napoléon; désormais le mort saisit le vif, mais selon qu'à sa mort il laissera des héritiers réservataires, ou n'en laissera pas, le légataire universel n'aura pas ou aura la saisine; mais ces deux articles combinés avec les art. 711 et 1014 nous forcent à dire que si le testateur laisse des héritiers réservataires, ceux-ci auront la saisine de droit et de fait de leur réserve et la saisine de fait du reste des biens, dont l'héritier testamentaire a la saisine de droit, la propriété, et que s'il ne laisse pas de réservataires, le légataire universel a la saisine de droit et de fait de la succession, sauf des biens légués

----

(1) Pour les uns, il a les deux saisines, celle de droit et celle de fait; pour les autres, il n'a que celle de fait. Remarquez que par le mot *biens*, il faut entendre : *parts indivises dans les biens*. J'emploie ce mot *biens* par commodité de langage.

(2) Toutes ces règles étaient tempérées par la maxime : « Ne prend saisine qui ne veut; il ne se porte héritier qui ne veut. » L'héritier était donc saisi, mais sous la condition résolutoire de sa renonciation; c'est l'inverse du droit romain, où il n'était saisi *de la propriété* que sous la condition suspensive de l'adition ou acceptation.

à *titre universel* ou *particulier*, pour lesquels, comme plus haut le réservataire, il n'a la saisine que de fait (la possession) et non celle de droit (la propriété) qui appartient *ipso jure* aux légataires. La saisine que le Code attribue tantôt à l'héritier réservataire, tantôt au légataire universel, est donc une *saisine de fait;* mais soit qu'elle appartienne à l'une ou à l'autre, elle agit toujours de plein droit instantanément (art. 724), « par le seul effet de la mort du testateur. » Les articles 1004 et 1006 ne peuvent guère donner lieu aux difficultés sur la question de savoir à qui appartiendra la saisine légale ; remarquons cependant qu'ils ne la refusent au légataire universel que lorsque le testateur laisse des *héritiers* réservataires, et non par des *parents* à réserve, d'où je conclus qu'il l'aura si les parents réservataires renoncent à la succession, ou si les réservataires étaient des aïeux ou aïeules en concours avec des frères ou sœurs ; exclus par ces derniers, ils ne peuvent réclamer une réserve, ni par suite la saisine, et d'un autre côté les frères ou sœurs n'étant pas réservataires, le légataire réclamera victorieusement l'application de l'art. 1006 ; « je pense aussi que s'il s'agissait d'un réservataire qui même en l'absence d'un testament n'eût pas été appelé à recueillir toute la succession, par exemple un père et un collatéral maternel du défunt, le père ne serait

saisi que de la part à laquelle il serait appelé
ab intestat ; le légataire universel serait saisi
de l'autre partie de la succession ; c'est là, je
crois, le véritable esprit des art. 1004 et 1006
qui refusent la saisine au légataire universel
en concours avec des héritiers réservataires,
et la lui accordent quand il est en concours
avec des héritiers non réservataires (1).

Ce qui est plus important, c'est de déterminer quels effets résultent de la saisine légale,
quelles conséquences en découlent ; et d'a-
bord, à l'égard des tiers, la maxime ! *le mort
saisit le vif*, transportée dans notre droit actuel,
produit cet effet important que le saisi représentant la personne du défunt (2), se trouve
avoir tous les biens, droits, actions qu'avait
celui-ci ; il peut donc poursuivre *de plano* les
débiteurs du défunt, comme il peut *de plano*
être poursuivi par eux, sauf à leur opposer
l'exception dilatoire tirée du délai que la loi
lui accorde pour faire inventaire et délibérer,

***

(1) MM. Marcadé, sur l'art. 1004 ; Toullier, 8, n° 491.

(2) Je ne pense pas, néanmoins, que le légataire universel, saisi
en vertu de l'art. 1006, *représente* le défunt (plus bas, pages 302
et suiv.).

La saisine produit de plus, pour *l'héritier*, des effets qu'elle ne
produit pas pour le légataire universel : ceux qui tiennent à la représentation de la personne (ci-dessous, pages 301 et suiv.).

et sauf aussi la restriction de détail de l'article 877 Code Napoléon, qui ne touche en rien au fond du droit, et d'après laquelle les créanciers porteurs de titres exécutoires contre le défunt ne pourront en poursuivre l'exécution contre l'héritier que huitaine après leur signification à son domicile ou à sa personne.

L'héritier ou le légataire universel qui n'est pas en concours avec un réservataire, étant saisis non-seulement de la propriété, mais encore de la possession, il en résulte pour eux le droit d'exercer les actions possessoires alors même qu'en fait, et par eux-mêmes, ils n'auraient appréhendé aucun effet de la possession, car c'est un effet de la maxime : *le mort saisit le vif*, de dispenser le saisi de la nécessité, pour être possesseur, d'une appréhension de fait. Tiraqueau nous le dit en termes barbares, mais exacts : « *Mortuus facit vivum possessorem sine ulla apprehensione* » (1). Le testateur a-t-il possédé dans les conditions nécessaires pour avoir les actions possessoires, le temps seul manque à sa possession ; il meurt, son héritier ou son légataire universel saisi de sa succession ignorent encore sa mort ; quand ils l'apprennent, le temps

______

(1) Tout cela sous le bénéfice des distinctions posées plus haut entre la *saisine de fait* et *celle de droit*.

nécessaire à la possession, pour qu'elle procure les actions possessoires, est écoulé. Certes, ils n'ont pas possédé matériellement ! n'importe, les actions leur appartiennent, ils ont été saisis. Il y a plus : je pense que dans le cas où le légataire universel est en concours avec un réservataire, celui-ci étant saisi (mais de la possession seulement), même de la part des biens que doit recueillir le légataire universel, il faudrait lui accorder les actions possessoires à l'exclusion du légataire, qui ne les acquerra qu'avec la possession elle-même, par la délivrance de son legs.

Ce sont là des effets qui tiennent à la saisine *entière* ou à la *saisine de fait* seulement (voir plus haut, page 233, note 1). En voici qui tiennent surtout à la saisine de droit, au caractère translatif de propriété attaché aux dispositions testamentaires. Je veux parler de l'action en revendication qui appartient aux héritiers légitimes comme aux institués, aux légataires particuliers comme aux légataires universels. De ce que le légataire est propriétaire, il suit qu'il peut poursuivre *sa chose* entre toutes mains, encore qu'il n'en ait pas reçu délivrance. La délivrance est chose qui se passe entre lui et l'héritier; vainement le tiers détenteur voudrait-il, contre la revendication intentée par le légataire, exciper de ce que celui-ci n'a pas reçu la délivrance de son legs. Cela ne fit jamais le moindre doute dans le droit romain ni dans les pays de droit écrit. Furgole l'atteste (voyez Merlin, Légataire, § 5, 10). Dans les pays coutumiers, l'on astreignait le légataire à obtenir, pour intenter l'action en revendication, le consentement de l'héritier, ou à l'assigner en délivrance en même temps que le tiers détenteur en déguerpissement (Pothier, sur la coutume d'Orléans, section 6, art. 1er). Mais il est permis de supposer que cette nécessité n'était imposée au légataire que dans ses rapports avec l'héritier saisi, en telle sorte que le tiers n'eût pas pu exciper du défaut de délivrance; c'est ce que l'on peut victorieusement induire de la règle ancienne, d'après laquelle *saisine de droit*, c'est-à-dire propriété, donne le pétitoire (ci-dessus, p. 231), et aussi d'un arrêt du parlement de Paris, cité par Merlin, Rép., Légataire, § 6, 11, remarquable surtout par ses motifs. Voici cet arrêt de 1701, tel que le rapporte Merlin :

« Quoique les légataires étrangers ne soient
« pas de plein droit saisis de leurs legs, et
« qu'ainsi il semble que le légataire d'un fonds
« particulier ne puisse pas agir en désistement
« ni en déclaration d'hypothèque contre le
« tiers détenteur réalisé, à qui l'héritier aura
« vendu le fonds légué, sauf son action per-

« sonnelle contre l'héritier, néanmoins, parce
« que la propriété de la chose léguée passe de
« plein droit dans le légataire qui ne doit en
« demander que la délivrance, c'est-à-dire *la*
« *possession* (1) à l'héritier, on estime que le
« légataire non réalisé peut agir en désistement
« contre le tiers détenteur du fonds légué,
« quoique réalisé; parce que l'héritier n'a pas
« pu transférer dans ce tiers détenteur, des
« droits personnels qu'il n'y avait soi-même
« qu'à la charge d'en faire délivrance au lé-
« gataire (2), c'est-à-dire des droits de posses-
« sion). »

Jugé par arrêt du 12 novembre 1701, rendu
à l'audience de la grande chambre.

Le droit qu'a le légataire universel, comme le
particulier, de revendiquer les choses héréditaires qui lui sont léguées, entre toutes mains,
tient donc exclusivement à sa qualité de propriétaire, et est indépendant de celle de possesseur;
et comment pourrait-on le contester, quand l'on
voit ce droit appartenir au légataire particulier,

---

(1) Voilà la preuve que la saisine dont il est question aux articles 1004 et 1006, tantôt refusée, tantôt accordée au légataire
universel, n'est que la saisine de fait, la possession.

(2) Toullier, V, 548; il faudrait, au contraire, décider que le
légataire peut, même avant la délivrance, aliéner par vente ou
autrement la chose léguée, car il en est propriétaire.

qui ne peut jamais avoir la saisine des art. 1004
à 1006 ? Je ne pense donc pas que l'on puisse
trouver dans le Code Nap. d'autres principes
que ceux que consacre l'arrêt du Parlement de
Paris; les motifs qui l'ont fait rendre sont écrits
dans les art. 711 et 1014.

Le légataire qui n'a pas encore obtenu délivrance triompherait à l'égard du tiers détenteur; mais il ne serait pas considéré comme
ayant reçu délivrance, à l'égard de l'héritier
saisi; il devrait donc encore la lui demander
(Toullier, 8, 573); à peine d'avoir, par exemple, à lui restituer les fruits, dont il ne peut
profiter qu'à dater de la délivrance s'il s'agit
d'un légataire particulier, ou même universel
si plus d'une année s'est écoulée depuis le
décès du testateur...; et le plus simple pour
lui est de suivre la méthode indiquée par
Pothier, mettre en cause l'héritier en même
temps que le détenteur.

L'abrogation absolue de la règle : *hereditas
non adita non transmittitur*, est aussi une des
conséquences directes de la *saisine de droit, du
droit de propriété* que le légataire acquiert *ipso
jure;* tandis qu'en droit romain l'héritier était
propriétaire sous la condition suspensive de
l'adition, en droit français, l'héritier ab intestat ou institué est au contraire propriétaire
dès la mort du *de cujus,* mais sous la condition

résolutoire de sa renonciation, exactement comme le légataire romain qui était propriétaire au jour de l'adition, *si non repudiaverit* (ci-dessus, page 224) ; il suffit donc chez nous que la succession se soit ouverte en la personne du légataire (qu'il soit ou non en présence de réservataires), pour qu'il puisse la transmettre avec sa propre succession à son héritier ou légataire universel. Mon père meurt à midi, je meurs à une heure : j'ignore, si l'on veut, la mort de mon père ; je n'en ai pas moins été saisi de sa succession ; mon propre héritier la recueillera. Mon père meurt, je suis son héritier unique ; son frère meurt, puis je renonce : cette renonciation me faisant considérer comme n'ayant jamais été saisi, il se trouve que son frère, mon oncle, l'a toujours été ; il est mort son héritier, et aura transmis sa succession à son propre héritier. Et il en serait de même pour un légataire universel, fût-il en concours avec un réservataire, parce que cette transmissibilité tient à la saisine de la propriété qu'il garde, et non à celle de la possession que l'article 1004 lui refuse dans ce cas. Je dois dire cependant que M. Merlin (Légat., § 5, n° 3) hésite à croire que cette transmissibilité des legs tienne à ce que le legs est translatif de propriété, et ce scrupule est basé sur cette observation que ce legs *per damnationem* n'était pas translatif de propriété avant Justinien, et que cependant, dès qu'il s'était utilement ouvert pour le légataire, il était transmissible à son héritier (1). Quoi qu'il en soit, il n'est pas moins vrai que l'héritier ou le légataire est propriétaire avant son acceptation ; l'acceptation ne fait que rendre irrévocable cette qualité de propriétaire ; elle lui enlève la faculté de l'abdiquer par une renonciation ; on peut dire, en résumé, qu'il ne lui est pas possible de n'être pas propriétaire ; qu'il lui est seulement possible de ne pas le demeurer.

§ 3. — De la délivrance.

J'ai dit plus haut quels sont les principaux avantages attachés à la saisine de la possession, celle dont il est question dans les articles 1004 et 1006 ; mais quelle sera la position du léga-

---

(1) Cette objection est, j'en conviens, embarrassante ; je ne la crois pas sans réponse. Mais ce n'est pas le lieu de discuter ici une question qui m'entraînerait bien loin de mon sujet.

Il faut bien reconnaître que ce que j'ai dit plus haut, que la propriété du legs en droit romain était transférée au légataire seulement à l'adition, tandis qu'il était échu et transmissible dès le *dies cedit*, c'est-à-dire la mort du testateur dans les legs purs et simples, tend à me rapprocher de l'avis de M. Merlin. Je considère néanmoins la question comme très-douteuse, en raison de l'effet rétroactif attaché à l'adition.

taire universel en concours avec des héritiers réservataires et par là privé de la saisine ?

La règle générale qu'il faut suivre est écrite en ces termes dans l'art. 1004 : le légataire universel est tenu de leur demander *la délivrance* des biens compris dans le testament (1).

La délivrance... qu'est-ce au juste ? est-ce la remise matérielle, la tradition réelle et effective des objets qui composent toute la succession, sauf rétention de la réserve par l'héritier, puisque nous nous plaçons nécessairement dans l'hypothèse d'un légataire universel en présence d'un héritier réservataire ? Si l'on entendait ainsi la délivrance, il deviendrait difficile, pour ne pas dire impossible, de s'expliquer comment la délivrance pourrait avoir lieu par l'effet d'un simple consentement de l'héritier (art. 1005, 1014) ; comment deux arrêts cités par M. Merlin (Légataire, § v, n° xvi) auraient pu sans violer la loi ordonner une dé-

_____

(1) S'il prenait de lui-même possession des biens, l'héritier l'actionnerait utilement en délaissement, sauf à être obligé par le jugement qui le ressaisirait à se dessaisir, et à faire délivrance de brève main (Merlin, Rép., Légataire, § 5, xiv), à moins que des doutes ne s'élèvent sur la validité des testaments, cas auquel on ressaisirait de fait l'héritier, sauf la délivrance ultérieure quand les doutes seraient levés.

Le droit romain donnait exactement la même décision dans la loi 1, § 2, *quod legatorum* ; mais une caution garantissant la délivrance du legs était exigée de lui (L. 1, § 4, même titre).

livrance de brève main...... Non, la délivrance
que le légataire universel doit obtenir de l'héritier réservataire n'est pas la tradition effective
de la possession matérielle : c'est la remise de
la *saisine* qu'il n'a pas, saisine qui, nous le savons, a le privilége singulier de rendre possesseur véritable celui en faveur de qui elle existe,
sine ulla apprehensione, et qui dès lors lui permet de prendre possession de fait de lui-même,
de telle manière que par cette prise de possession il n'acquiert aucun droit, puisqu'il est déjà
possesseur, mais seulement *exerce* celui dont la
saisine l'a investi. Ainsi définie la délivrance
a pour effet de transporter la saisine de l'héritier au légataire universel ; de faire cesser
pour le premier les effets qui en résultent, de
les faire commencer pour le second.

Cette nécessité de la demande en délivrance
que le Code Napoléon impose au légataire universel quand il existe des héritiers réservataires du défunt, et dont il le dispense dans le
cas contraire, lui était *toujours* imposée par le
droit coutumier, ne lui était JAMAIS par le droit
romain, où l'institué, ayant autant de droit
qu'en aurait eu l'héritier ab intestat, n'aurait
rien à obtenir de ce dernier ; mais la délivrance devait être obtenue de l'héritier par le
légataire particulier, même quand le legs était
per vindicationem ; cela résulte avec la dernière

évidence des textes (1) ; seulement, tandis que pour les autres legs elle a pour objet la propriété et la possession, pour celui-là elle n'a trait qu'à la possession ; et remarquons qu'en droit romain la délivrance est la remise matérielle de la possession effective, car la saisine sans appréhension de fait fut inconnue des Romains.

Par application de cette idée que Dieu seul fait les héritiers, notre droit ancien, je parle du coutumier, étendit au légataire universel ce que le droit romain appliquait seulement au légataire particulier ; toutes les coutumes presque sans exceptions (voyez Merlin, Rép., Légataire, § 5, n° 4) proclamèrent la nécessité pour le légataire universel d'obtenir la déli-

______

(1) Voici ces textes : L. 1, *quod legatorum : Hoc interdictum vulgo quod legatorum appellatur*

§ 1er. Est autem et ipsum apiscendæ possessionis.

§ 2. Et continet hanc causam : ut quod quis legatorum nomine *non ex voluntate heredis occupaverit*, id restituat heredi. — Ce texte comprend dans sa généralité tous les legs, car il ne fait aucune exception ; il continue : « Etenim æquissimum prætori visum est, « unumquemque non sibi ipsum jus dicere *occupatis legatis*, sed « *ab herede petere*. Redigit igitur ad heredes per hoc interdictum ea « quæ legatorum nomine possidentur, ut perinde *legatarii possint* « *eum convenire*. » Il est impossible d'exposer en termes plus clairs la nécessité pour les légataires de demander la possession à l'héritier et non au magistrat ; c'est exactement notre délivrance, sauf le sens plus métaphysique que nous devons donner à ce mot, comme je l'ai dit page 250.

vrance de son legs; l'art. 73 de l'ordonnance de 1735 ne fut pas moins formelle que les coutumes; telle fut la rigueur de la règle, qu'elle ne fléchit même pas en faveur des legs pieux; l'héritier préciputaire fut lui-même astreint à demander la délivrance pour la part dont il était préciputaire, c'est-à-dire légataire, ce qui est tout à fait conforme à la décision que donne sur la même hypothèse le droit romain, en la loi 1, § 6, *quod legatorum.* Je ne doute pas qu'il ne faille aujourd'hui appliquer les mêmes principes au légataire universel de l'art. 1004, qui n'a pas la saisine, et qui dès lors doit obtenir de l'héritier réservataire saisi la délivrance de son legs. Il ne faudrait pas moins lui appliquer les décisions qui vont suivre.

Il était de jurisprudence au Châtelet, au rapport de Bourjon, que le légataire était dispensé de demander la délivrance de son legs lorsqu'au moment de la mort du testateur il se trouve en possession des choses léguées; la plupart des auteurs enseignent la même doctrine, parce qu'alors la délivrance se trouverait sans objet; je ne crois pas cette opinion incontestable (1); mais dans tous les cas elle me paraît appeler des distinctions: si le légataire

---

(1) Elle tend, en effet, à confondre la possession matérielle avec la délivrance.

est simplement possesseur *de fait*, simple détenteur, et non véritable possesseur, je n'hésiterai
pas à l'astreindre à la nécessité de demander
la délivrance, sauf à lui permettre de la demander par simple voie d'exception opposée à la
demande en délaissement formée par l'héritier
saisi (1); ce n'est qu'autant que le légataire
serait déjà, au moment de la mort du testateur,
véritable possesseur de la chose léguée, que l'on
pourrait dire que la saisine est désormais sans
objet et que dès lors la demande en délivrance
est inutile. Remarquons au reste que cette
hypothèse, qui sera peut-être fréquente pour le
légataire particulier, se présentera bien rare-
ment pour le légataire universel.

Il ne servirait de rien au légataire que le
testateur l'eût dispensé de la demande en délivrance; l'héritier tient la saisine de la loi et
non du testateur, celui-ci ne peut l'en priver à
son gré; c'est ainsi que malgré quelques divergences de coutumes et quelques arrêts, le décidait Ricard, et les termes formels de l'art. 1004
ne permettent pas, ce me semble, d'adopter une
opinion contraire à la sienne.

(1) Ceci suppose qu'il a été constitué détenteur par le défunt, car
s'il avait pris lui-même la possession, il devrait délaisser, sauf à
demander la délivrance et à l'obtenir peut-être de brève main
(voyez Merlin, Légataire, § 5).

Il faudrait néanmoins décider que le legs de libération n'est pas sujet à délivrance (voy, Merl., *Répert.*, *Légataire*, § 5, n° 9 ; L. 3, § 3, *de liberat., leg.* Dig.). Mais il ne s'agit plus ici du legs universel ; laissons donc de côté cette question.

C'est à l'héritier saisi que le *légataire universel* doit demander la délivrance (1) ; une décision de justice ne pourrait pas la lui procurer d'office *ipso jure* ; le tribunal peut seulement *condamner l'héritier à faire délivrance*, et le jugement aurait, suivant la règle générale, effet rétroactif au jour de la demande (1005).

La délivrance peut être consentie à l'amiable par l'héritier (art. 1005, 1014) ; elle peut résulter de l'exécution volontaire du legs, car il n'est pas nécessaire qu'il y ait un acte de délivrance en quelque sorte solennel ; il a même été décidé que la possession suffisamment prolongée des biens par le légataire, sans réclamation, pourrait être considérée comme une délivrance volontairement consentie par l'héritier (2). Ce serait là une question abandonnée à la prudence et à la sagacité des tribunaux.

Lorsque l'héritier se refuse à faire délivrance de son legs au légataire universel, celui-

---

(1) Merlin, Pothier, Toullier, v, 474.
(2) Proudhon, Usufruit, i, 385 ; Zachariæ, v, § 718.

ci doit l'assigner en délivrance, dans la forme ordinaire de toutes les actions civiles.

C'est à ce propos l'occasion de dire quelles actions lui sont accordées pour arriver à la délivrance de son legs. A l'égal des légataires particuliers, je lui accorderai : 1° l'action personnelle contre l'héritier réservataire, pour le contraindre à délivrer les biens compris dans le testament (1004); 2° l'action réelle, qui lui permettra de revendiquer en toutes mains les objets de la succession (1); 3° l'action hypothécaire, qui ne lui servira pas contre le tiers, puisqu'il a l'action réelle, mais qui (art. 1017) lui permettra d'actionner en délivrance pour le tout un des réservataires s'il y en a plusieurs (2). L'on comprend peu d'abord comment peut être utile à cet effet l'hypothèque que j'accorde au légataire universel par extension de l'art. 1017; un exemple le fera sentir. Le défunt laisse deux réservataires et un légataire universel, mais le testament restant encore inconnu, les deux réservataires se partagent la succession en telle manière que l'un la prend

----

(1) Pour lui le legs est translatif de la copropriété, non-seulement d'un corps certain, mais encore de tous les biens (sauf la réserve), car il est légataire d'une *universalité*.

(2) C'est là, je pense, la seule utilité que le légataire universel retirerait de l'hypothèque.

toute et indemnise en argent son cohéritier, puis survient le légataire universel qui se fait connaître; s'il n'avait une action hypothécaire, il ne pourrait attaquer en délivrance chacun des réservataires qu'au prorata de sa part héréditaire, tandis qu'avec cette action il peut exiger ou obtenir la délivrance pour le tout de celui qui, par arrangement de partage avec son cohéritier, avait pris tous les biens.

Tels sont les principes généraux auxquels il était important de s'arrêter sur la saisine héréditaire, sa nature, ses effets, les règles qui la régissent quant aux personnes; je dois passer à un autre ordre d'idées, qui cependant tient encore à la saisine, l'envoi en possession, la jouissance des fruits, les charges de la succession.

CHAPITRE III.

DE L'ENVOI EN POSSESSION DE L'ART. 1008.

Le soin d'assurer les dernières volontés des mourants, de garantir son testament contre les infidélités de toutes sortes, altérations, suppression même, avait fait introduire de bonne heure, dans le droit romain, une série de formalités relatives à l'ouverture des tablettes des testaments. Paul, dans ses Sentences (1), en présente le résumé. Elles consistaient surtout en ce que le testament devait être ouvert dans un très bref délai, en présence de la majorité au moins des témoins qui l'avaient signé, ou, à leur défaut, devant des témoins choisis parmi les citoyens honorables. Une copie en était levée et déposée aux archives publiques, afin d'en assurer la conservation; tout intéressé pouvait en prendre connaissance et même copie, et ce n'était qu'après l'accomplissement de ces formalités et de toutes celles prescrites par l'édit du préteur, que les dispositions testamentaires pouvaient recevoir leur exécution.

Le droit ancien ne se montra pas moins sévère, et le Code Napoléon, dans son art. 1007, prescrit de sages mesures dans le même but que le préteur à Rome.

Si le testament a été fait dans la forme authentique, sa conservation est assurée par le dépôt de la minute chez le notaire; mais s'il est dans la forme mystique ou olographe, il ne présente plus les mêmes garanties. Aussi doit-il être présenté au président du tribunal de l'arrondissement où s'est ouverte la succession. Ce magistrat l'ouvre, le décachète, en ayant le soin, s'il est mystique, d'appeler à l'accomplis-

---

(1) Lib. 4, tit. 6.

sement de cette formalité, le notaire et les témoins signataires de l'acte de suscription, s'ils sont sur les lieux. Le président dresse procès-verbal de l'ouverture du testament, décrit son état et commet un notaire entre les mains duquel il est déposé. Si le testament était découvert dans les papiers du défunt par le juge de paix, pendant qu'il met les scellés, ce serait à ce magistrat à le présenter au président, afin que les formalités ci-dessus soient remplies, y compris le dépôt chez un notaire, qui est prescrit dans l'intérêt de ceux qui peuvent avoir à consulter le testament (916, Code de proc. civ.).

Ce n'est qu'après l'accomplissement de ces formalités que le testament olographe ou mystique doit recevoir son exécution.

Mais s'il contient un legs universel, l'article 1008 se montre encore plus exigeant ; voici les termes de cet article :

« Dans le cas de l'art. 1006, si le testament « est olographe ou mystique, le légataire uni-« versel sera tenu de se faire envoyer en pos-« session par une ordonnance du président « mise au bas d'une requête à laquelle sera « joint l'acte de dépôt (dépôt prescrit par l'ar-« ticle 1007). »

Remarquons ces termes : *dans le cas de l'article* 1006, c'est-à-dire quand le légataire universel, n'étant pas en concours avec des héritiers réservataires, a la saisine des biens de la succession. Il en faut *a priori* conclure que cet envoi en possession de l'art. 1008 n'a rien de commun avec la saisine légale; il est nécessaire au légataire *saisi* de la possession de droit; mais si nous nous rappelons que cette possession qui constitue la saisine n'est pas la possession matérielle, que la saisine *juris est potius quam facti*, qu'elle a pour effet de rendre possesseur *sine ulla apprehensione*, nous en arriverons, et sans contestation, je pense, à dire que l'envoi en possession nécessaire en certains cas au légataire universel saisi concerne précisément cette appréhension de fait, cette mise en possession matérielle de biens de la succession; l'art. 1008 n'enlève donc pas au légataire universel la saisine de l'art. 1006, qu'il lui suppose au contraire, mais il le modifie en ce sens que tandis que la saisine permet, suivant les règles générales, de le mettre soi-même en possession effective, dans le cas qu'il prévoit, il enlève au saisi cette faculté et l'astreint à ne s'y mettre qu'après en avoir obtenu l'autorisation du président.

La précaution prise par l'art. 1008 dans l'intérêt de ceux qui peuvent avoir des droits sur les biens de la succession se comprendrait peu si le testament qui institue un légataire universel était fait dans la forme authentique;

cette authenticité même donne aux droits du légataire un degré de certitude suffisant pour qu'il soit, le plus souvent, sans danger de lui confier la garde des biens héréditaires; il pourra donc, ayant la saisine, profiter de tous les effets de la règle : *le mort saisit le vif*, et se mettre de lui-même en possession réelle de ces biens ; mais lorsque le testament est olographe ou mystique, les mêmes garanties n'existent plus pour les droits des divers intéressés, parce que la qualité et les droits du légataire universel n'ayant pas eux-mêmes cette quasi-certitude que lui donne l'authenticité du testament public, ce serait souvent compromettre des intérêts avant tout respectables que d'abandonner la possession de biens au premier venu qui se montrerait porteur d'un testament dont il est prudent de se défier et auquel la loi, pour ce motif, a refusé la force exécutoire comme à tous les actes sous seing privé, qui tous doivent inspirer la même défiance. C'est pour recevoir cette force exécutoire que le testament doit être soumis à l'examen du magistrat qui préside à l'administration de la justice dans l'arrondissement où la succession s'est ouverte. A cet effet, le légataire universel, après avoir accompli les formalités de l'art. 1007, adressera au président du tribunal une requête, et le président, par une ordonnance mise au bas de cette requête, donnera au testament l'exécution parée qui lui manquait ; c'est cette ordonnance que l'on appelle envoi en possession : c'est la permission accordée au légataire universel de se mettre en possession des biens. Il y a loin de là à une *demande* et un *jugement* de délivrance ; il n'y a qu'une simple *requête* adressée au président du tribunal civil et une simple *ordonnance* rendue par lui ; tandis que la délivrance doit être demandée à l'héritier, et que le tribunal serait impuissant à la prononcer *de plano*, mais peut seulement condamner l'héritier saisi à l'effectuer, ici l'envoi en possession a lieu directement de par l'ordonnance du président, et ce n'est pas contre les héritiers du sang qu'il est demandé, car l'art. 1008 suppose qu'il n'y a pas d'héritiers du sang saisis ; le président peut sans doute les appeler s'il ne se trouve pas suffisamment éclairé ; s'il a des doutes sur la sincérité ou la validité de l'acte qui lui est présenté, mais il n'y est pas obligé.

Ce n'est point à dire que l'envoi en possession ne soit qu'une simple formalité ; il serait alors bien loin de remplir le vœu que s'est proposé la sagesse du législateur, et de parer aux dangers qu'il a voulu écarter, et contre lesquels il a voulu protéger les intérêts qui se trouvent en conflit avec ceux du légataire universel ou de ceux qui se prétendent tels. Ce serait donc

une erreur de penser que le président devra
toujours prononcer l'envoi en possession; dans
bien des cas la prudence lui fera un devoir de
le refuser; par exemple, il pourra prendre en
considération une opposition des héritiers ab
intestat, fondée sur des motifs qui lui paraîtront
considérables : dénégation d'écriture, allégation de l'existence d'héritiers à réserve encore
ignorée, mais probable, etc., etc. Alors même
qu'aucun contradicteur à la requête d'envoi en
possession ne s'élèverait devant le président,
et ne donnerait ainsi lieu à un débat en référé
(806, Cod. de proc. civ.) devant lui, des
doutes peuvent s'élever dans son esprit assez
sérieux pour l'engager à refuser l'envoi en possession; ce serait même pour lui un devoir de
s'abstenir s'il lui semblait, au simple examen
du testament, qu'il ne contient pas de legs universel, ou qu'il renferme quelque vice de forme
qui compromet évidemment sa validité et le
fera probablement tomber sous une nullité
extrinsèque.... Mais il ne faudrait pas aller
jusqu'à dire que le président pourrait refuser
l'envoi en possession sur la simple possibilité
d'une nullité intrinsèque de fond, alléguée,
supposons-le, par des héritiers du sang; il doit
rester étranger à ces questions de validité ou
de nullité de fond, pour l'examen desquels le
tribunal seul peut être compétent; c'est ainsi

que le président devrait, en présence d'une allégation d'incapacité dans la personne du légataire universel ou du testateur, passer outre, et rendre l'ordonnance d'envoi en possession, sauf aux héritiers à se pourvoir en nullité devant le tribunal (1).

Il faut bien dire, au reste, que dans un cas semblable l'envoi en possession ne présentera pas de bien grands dangers, puisque tous ceux qui prétendent droit dans la succession, et en première ligne les héritiers ab intestat, peuvent requérir les mesures conservatoires de leurs droits éventuels (909, Cod. de proc. civ.), par exemple l'apposition des scellés, l'inventaire des titres de la succession. C'est un point qui ne fait pas de doute dans la jurisprudence plus que dans la doctrine.

CHAPITRE IV.

DES DROITS DU LÉGATAIRE UNIVERSEL SUR LES FRUITS DE LA SUCCESSION.

Quels principes régissent l'acquisition, non

---

(1) Paul, dans ses Sentences, liv. 3, tit. 5, § 15, disait : « Sive
« falsum, sive ruptum, sive irritum dicatur esse testamentum,
« salva eorum disceptatione, scriptus heres jure in possessionem
« mitti desiderat. »

plus de la propriété ni de la possession, mais des fruits des biens compris dans le legs universel ; telle est la question que, dans ce chapitre, je me propose de traiter en très peu de mots.

Le Code Napoléon n'avait pas à s'occuper des cas où le légataire universel a la saisine des biens, conformément à son art. 1006 ; il est bien évident que dans ce cas, le testament fût-il d'ailleurs olographe ou mystique, et forçât-il le légataire universel à requérir l'envoi en possession des biens, les fruits civils, naturels ou industriels ne sauraient être attribués à un autre qu'à lui ; il a droit non-seulement aux fruits dès le jour du décès du testateur, mais encore il a droit à tous ceux qui sont nés ou échus et non encore perçus à cette époque, car ils sont compris dans *l'universalité* qu'il est appelé à recueillir sans partage.

La question des fruits ne pourrait être soulevée que pour le légataire particulier, pour le légataire à titre universel, qui jamais n'aura la saisine des biens, et pour le légataire universel non-saisi, c'est-à-dire en concours avec des héritiers réservataires du défunt ; c'est seulement pour ce dernier que je dois la résoudre.

Quant aux fruits nés ou échus mais non perçus du vivant du testateur, la loi n'en parle pas ; mais voici, je pense, comme l'on peut suppléer à son silence : ces fruits ont appartenu au défunt alors même qu'il ne les a pas matériellement perçus ; ils font donc partie des biens qu'il laisse à son décès, de l'universalité à laquelle le légataire universel est appelé concurremment avec le réservataire, dont il est avec lui copropriétaire, sinon copossesseur ; il n'y a donc aucune raison de les attribuer, lorsqu'on les percevra postérieurement au décès du testateur, tous au réservataire, à l'exclusion du légataire universel ; à l'époque où ces fruits ont été produits, c'est-à-dire du vivant du testateur, le réservataire n'était pas possesseur des biens qui les ont produits ; il ne peut donc, pour y prétendre en totalité, invoquer le titre de possesseur qui lui eût donné le droit de faire les fruits siens, droit que sous certaines restrictions l'art. 1005 lui reconnaît : dès lors, ces fruits se partageront entre lui et le légataire universel comme tous les autres biens de la succession ; car ils en sont copropriétaires (1).

La décision n'est plus la même, du moins dans tous les cas, relativement aux fruits nés ou échus depuis le décès du testateur et avant

____

(1) Remarquons qu'il n'est nul besoin d'invoquer pour cela la règle *fructus augent hereditatem*, qui, à mon sens, n'existe plus dans notre droit.

la demande en délivrance faite par le légataire universel, ou à la délivrance à lui volontairement consentie par l'héritier (1). Voici, à cet égard, comment s'exprime le Code Napoléon, art. 1005 :

« Néanmoins, dans le même cas » (celui où la présence du réservataire prive le légataire universel de la saisine), « le légataire universel
« aura la jouissance des biens compris dans le
« testament, à compter du jour du décès, si la
« demande en délivrance a été faite dans l'année,
« depuis cette époque ; sinon, cette jouissance
« ne commencera que du jour de la demande
« formée en justice, ou du jour que la déli-
« vrance aurait été volontairement consentie. »

La demande en délivrance, ou cette délivrance elle-même volontairement consentie, tel est, suivant la règle générale, le fait qui donne au légataire le droit aux fruits de la chose léguée : jusque-là ces fruits appartiennent à l'héritier ; et cependant le légataire est propriétaire du moment même du décès du testateur ; mais la raison en est simple : l'héritier est saisi, c'est-à-dire possesseur de la chose léguée, et comme il ignore si le légataire acceptera le legs, jusqu'au moment où il lui demande la dé-

***

(1) Dès cette époque, le légataire étant possesseur, les fruits nés ou échus depuis ne peuvent appartenir qu'à lui (art. 549).

livrance, jusqu'à ce moment il en est possesseur de bonne foi : l'article 549 du Code Napoléon n'en exige pas davantage pour qu'il fasse les fruits siens.

Cette règle, d'après laquelle le légataire ne gagne pas les fruits dès l'instant où il est propriétaire, n'est pas nouvelle dans le droit; elle existait déjà dans le droit romain (1), non, il est vrai, sans quelque confusion; les textes s'accordent généralement pour ne pas accorder au légataire les fruits dès l'instant où il est propriétaire, mais seulement depuis le moment où l'héritier est en retard; mais quelle est cette époque ? C'est ici que commencent les contradictions : plusieurs textes décident que les fruits appartiennent au légataire du jour où l'héritier est mis en demeure, *ex mora* (2); d'autres ne les lui accordent qu'à partir de la litiscontestation (3), *post litis contestationem*. Ces textes ne sont cependant pas absolument inconciliables; la mise en demeure ne résulte

---

(1) Pour les légataires particuliers, bien entendu, car pour le légataire universel, c'est-à-dire l'héritier testamentaire, il n'en peut pas être question, pas plus que pour notre légataire universel qui a la saisine.

(2) L. 3, 32, § 2, 34, *de usuris*; 23, *de legatis*, 1°; 84, 87, § 1, *de legatis*, 2°.

(3) L. 1, 2, *in fine*; 4, au Code, *de usuris et fructibus legatorum*.

pas de la seule échéance de la dette, mais seulement de l'interpellation faite au débiteur en temps opportun ; la loi 32, *de usuris*, s'exprime ainsi : « *Mora fieri intelligitur non ex re sed ex persona, id est si interpellatus opportuno loco non solverit, quod apud judicem examinabitur.* » Ce sera donc une question de fait de savoir à partir de quelle époque l'héritier a été en demeure, c'est-à-dire en faute ; car il faut cela pour qu'il cesse d'être possesseur de bonne foi (1), et par conséquent de faire les fruits siens ; en fait, la mauvaise foi pourra donc commencer tantôt à la mise en demeure, à l'interpellation elle-même, tantôt à la litiscontestation seulement (L. 20, § 11, *fine, de her. petit.*), tantôt au début même de l'instance, comme il est dit dans la loi 25, § 7, *de her. petit* ; là est peut-être la solution des contradictions dont j'ai parlé d'abord ; quoi qu'il en soit, la règle est certaine : le légataire n'a droit aux fruits de la chose léguée, dont il est cependant *propriétaire*, qu'à dater *au moins* de la demande qu'il en fait, parce que jusque-là l'héritier en est *possesseur, et possesseur de bonne foi* ; par le même motif, cette règle a traversé notre droit ancien (2), y a été consacrée par l'ordon-

---

(1) L. 20, § 11 ; 25, § 7 ; 31, § 3, *de her. petit.*
(2) Merlin, Rép., Legs, sect. 4, § 3, nᵒˢ 267 et suiv.

nance de 1747 sur les substitutions, tit., 1, art. 40, et est passée dans le Code Napoléon, dont l'art. 1014 déclare que le légataire ne pourra prétendre aux fruits et intérêts de la chose léguée qu'à compter du jour de sa demande en délivrance, ou du jour auquel cette délivrance lui aura été volontairement consentie.

Cette attribution des fruits à l'héritier est évidemment fondée sur la saisine ou possession qu'il conserve de bonne foi pendant tout le temps que la délivrance ne lui est pas demandéé en justice ou qu'il ne le consent pas à l'amiable (art. 849); le Code et la doctrine qui l'interprète font quelques exceptions à cette règle; je n'ai pas à m'en occuper, si ce n'est de celle qui concerne le légataire universel (article 1005); régulièrement, le légataire universel en concours avec des réservataires, n'ayant pas la saisine, devrait être soumis à la règle de l'art. 1014, et les fruits devraient être attribués au réservataire, qui est *possesseur* des biens dont le légataire universel est propriétaire, et qui l'est de bonne foi jusqu'à la demande en délivrance; cependant le légataire universel a droit à ces fruits dès le jour du décès du testateur, s'il a soin de former sa demande en délivrance dans l'année depuis cette époque; s'il n'a pas le titre d'héritier, qu'il en ait du moins tout l'émolument; c'est là une concession faite, lors de la rédaction du Code, à ceux qui voulaient, même dans le cas de l'article 1004, lui donner la saisine; cette attribution des fruits à lui faite n'est donc pas une conséquence de la règle ancienne : *fructus augent hereditatem;* cette règle n'a plus lieu dans notre droit, l'art. 138 du Cod. Nap. en fournit l'incontestable preuve (1); et d'ailleurs elle devrait les lui faire attribuer même lorsqu'il tarde plus d'une année à former sa demande en délivrance; mais elle est une exception aux articles 1014 et 849, qui eussent toujours accordé les fruits aux héritiers saisis à titre de possesseurs de bonne foi.

Mais si, négligeant son droit, le légataire universel reste plus d'une année sans les faire valoir, l'héritier a dû penser que sans doute il voulait répudier le legs; sa dépense a peut-être été réglée sur des revenus qu'il a dû croire siens; le forcer à restituer serait pour lui d'une rigueur qu'il ne mérite pas, et pour le légataire d'une bienveillance dont il ne s'est pas rendu digne; l'on rentrera dans le droit commun des

---

(1) En droit romain, où la règle *fructus augent* avait lieu, le possesseur de bonne foi d'une hérédité, condamné à la restituer, devait aussi restituer les fruits et ne pouvait conserver que ceux dont il ne s'était pas enrichi, et non ceux qu'il avait seulement perçus.

art. 1014 et 849 ; le légataire universel n'aura droit aux fruits que du jour de la demande en délivrance ou du jour où elle lui sera volontairement consentie (art. 1005).

Il pourra cependant se faire que le légataire universel ait droit aux fruits dès le décès du *de cujus*, lors même qu'il n'aurait formé sa demande qu'après l'année qui suit cette époque ; c'est ce qui arrivera, je pense, quand le testateur l'aura ainsi ordonné (art. 1015 *a fortiori*), ou bien quand l'inaction du légataire ne résultera que de l'ignorance où il était du testament, *par la faute* de l'héritier, par le secret où celui-ci aurait tenu le testament (1), car son ignorance, sans le dol de l'héritier, ne saurait lui assurer les fruits en dehors des limites que l'art. 1005 met à ses droits. Mais que faudrait-il décider si le testateur avait dispensé le légataire universel de demander sa délivrance ? Cette clause du testament, impuissante à dépouiller l'héritier réservataire de la *saisine*, ne peut-elle du moins valoir à l'effet de lui retirer

---

(1) C'est là une application de l'art. 1382. Si, à l'inverse, le testament avait été tenu secret par le légataire universel, sa demande formée dans l'année serait impuissante à lui donner la jouissance des biens, parce que l'héritier en aurait joui sans se douter qu'il avait à restituer les fruits ; ce serait un préjudice que le légataire serait tenu de réparer (1382) ; le mieux est de ne pas le lui causer.

la jouissance des biens, et de la donner indirectement au légataire? Je pencherais volontiers
vers l'affirmative, puisqu'il pourrait la lui donner en termes directs. Mais ce serait une question d'intention de savoir s'il a en effet voulu la
lui donner, ou si la dispense de demander la
délivrance n'est pas l'expression de quelque
autre idée qui de sa part n'implique pas nécessairement cette volonté; l'on devrait, dans ce
dernier cas, s'en tenir à l'art. 1008.

CHAPITRE V.

DU LÉGATAIRE UNIVERSEL AU POINT DE VUE DU PASSIF (1) DE LA SUCCESSION.

Jusqu'ici j'ai surtout envisagé dans le legs
universel les droits qu'il confère au légataire
et les conditions auxquelles ils peuvent être
exercés : il convient maintenant d'étudier dans
un dernier chapitre les obligations qu'il lui
impose.

Le Code Napoléon, dans la section qu'il con-

---

(1) Sous ce titre, je n'entends comprendre que les *dettes* et les
legs qu'il a faits. Quant aux autres charges des successions, frais
funéraires, frais de demande en délivrance, je ne m'en occuperai
pas.

sacre au legs universel, n'a qu'un seul article,
l'art. 1009, relatif à cette partie de mon sujet;
mais il est indispensable de le compléter par le
rapprochement d'autres articles du même Code,
870, 871, 873, qui en sont le commentaire naturel et nécessaire. Non que je veuille traiter
tout au long la matière du payement des charges
des successions; ce serait un travail trop important pour figurer seulement comme commentaire de l'art. 1009; il comprendrait toutes
les questions d'hypothèques, de recours d'héritiers à héritiers, et par conséquent de partage
et de garantie de lots; il comprendrait encore
la séparation des patrimoines; en un mot, ce
serait l'étude d'une section entière, et des plus
importantes, du Code Napoléon, la section 3 du
chap. 6, liv. 3, tit. 1, *du payement des dettes;*
peut-être même faudrait-il y faire rentrer le
commentaire de l'art. 1221...... C'en est assez
pour prouver que ce travail ne peut pas être
entrepris ici : tout ce que je dois rechercher,
c'est de savoir d'après quelles règles sont déterminés les rapports de légataire universel,
soit envers les créanciers de la succession, soit
envers les héritiers réservataires avec lesquels
il est en concours, soit envers les légataires à
titre universel ou particulier, au point de vue
de leur *obligation* aux charges et legs de la
succession, de leur *contribution* aux mêmes

charges et legs , les art. 1009, 870, 871, 873 et 1011 répondent à cette question.

Sous ce rapport, la position du légataire universel a la plus grande analogie avec celle d'un héritier; si donc nous expliquons les règles de l'obligation aux charges de la succession, et de la contribution à ces mêmes charges, telles que le Code Napoléon les impose aux héritiers, nous n'aurons qu'à indiquer les quelques modifications que peut-être elles ont à recevoir lorsqu'il s'agit de les appliquer non plus à des héritiers, mais à des légataires universels.

Le Code Napoléon, à part la distinction des biens tirée soit de leur nature (immeubles, meubles), soit de leur origine (propres, acquêts), qu'il écarte de ses dispositions sur la dévolution des biens par succession, avec les règles qui en étaient les conséquences, sur l'obligation et la contribution des héritiers aux charges, ne s'est pas beaucoup éloigné du droit coutumier en cette matière, tel que Pothier nous le fait connaître dans son Traité des successions, chap. 8.

En général, et sauf dans quelques coutumes exceptionnelles, les héritiers étaient tenus des dettes et charges de la succession au prorata de la part pour laquelle ils représentaient le défunt, sans que l'on eût à considérer l'origine ou la cause de ces dettes; il en résulte que l'héritier aux propres contribuait aux dettes relatives aux meubles et acquêts, et l'héritier aux meubles et acquêts à celles relatives aux propres ; de là une règle générale ainsi formulée : « *tous* les « héritiers du défunt succèdent à *toutes* les « dettes, *telles qu'elles soient.* » Cette règle recevait une première exception quand la dette était d'un corps certain : elle était alors personnelle à l'héritier détenteur de ce corps certain ; ses cohéritiers en étaient libérés, car ils ne possédaient pas, comme en eût été libéré le défunt qui, de bonne foi, eût cessé de le posséder (1).

Une seconde exception était faite à la règle par quelques coutumes, qui, mues par l'ancien esprit du droit d'après lequel les héritages n'étaient affectés au payement des dettes qu'après discussion et épuisement du mobilier (Ord. de 1539), fussent-elles relatives aux héritages eux-mêmes, décidaient que les dettes mobilières étaient charge exclusive des héritiers aux meubles et acquêts. Mais bien que ces coutumes fussent bien le fidèle écho du vieil esprit du droit, elles ne devaient pas être observées dans le silence des autres coutumes, parce qu'elles étaient contraires au principe de la représentation de la personne du défunt par

---

(1) Ceci ne concerne que l'*obligation* ; la *contribution* reste sauve.

ses héritiers. Dans ces coutumes même, et malgré quelques divergences, il faudrait décider que l'héritier aux meubles et acquêts ne serait tenu des dettes mobilières *ultra vires* que sauf recours contre l'héritier aux propres pour tout ce qu'il aurait payé au delà de sa part et portion, car le privilége des propres y consiste uniquement à n'être affectés au payement de ces dettes que *subsidiairement*.

Les mêmes principes s'appliquent sans difficulté à ceux qui se trouvent succéder aux droits des héritiers : par exemple, leur propre héritier, le cessionnaire des droits successifs, la communauté dans laquelle est tombée une succession mobilière échue à la femme et acceptée avec l'autorisation du mari, la femme qui accepte la communauté dans laquelle est tombée une succession mobilière échue au mari.

Ils s'appliquent encore, mais avec de notables modifications, aux légataires universels ; comme les héritiers, ils contribuent aux dettes du défunt pour la part qu'ils prennent dans ses biens ; mais ils n'en sont tenus que par suite de la règle : *Bona non intelliguntur nisi deducto œre alieno*, que comme détenteurs de biens, *propter rem* ; ils n'en sont donc tenus que jusqu'à concurrence de ces mêmes biens, et il n'en pouvait pas être autrement ; d'abord le légataire universel ne représente pas le défunt, Dieu seul pouvant faire un héritier ; ensuite, dans le très-vieux droit, conforme en cela à la décision du droit romain sur le légataire d'une partie de biens (1), on ne forçait le légataire universel à supporter les dettes, que par voie de déduction, c'est-à-dire qu'il ne recevait les biens que lorsqu'on en avait déduit de quoi payer les dettes, et il ne pouvait pas être actionné directement par les créanciers ; il est trop évident que cette déduction pouvait comprendre au plus *tous les biens ;* l'action directe accordée plus tard aux créanciers héréditaires contre le légataire universel ne l'a été que pour éviter ces détours ; mais il est encore évident qu'elle doit se circonscrire dans les mêmes limites que la déduction qu'elle a remplacée, c'est-à-dire dans les limites des forces de la succession, des biens sur lesquels se serait opérée la déduction qu'elle eût pu tout au plus embrasser en totalité (2). Aussi le droit commun de nos pays coutumiers était-il que le légataire universel n'avait pas besoin, pour n'être tenu que *intra vires successionis*, d'obtenir des lettres de chancellerie nécessaires à l'héritier ; c'est ce qu'atteste De Laurière sur Loisel en ses

---

(1) Voir la note 2, page 283.
(2) Merlin, Rép., Légataire, § 7, art. 1er.

Instilutes coutumières, n° 313; il suffisait au légataire de faire bon et fidèle inventaire des biens du défunt; faute par lui de faire cet inventaire, il eût été tenu *in infinitum*, parce qu'en confondant les biens héréditaires avec les biens propres, il en avait reconnu la suffisance à acquitter les charges; et encore même en ce cas quelques-uns, et notamment Ricard, décidaient qu'il pouvait encore échapper à la nécessité de payer les dettes *in infinitum*, en abandonnant les biens héréditaires constatés par commune renommée. Mais tel n'était pas le sentiment général des auteurs. Le défunt n'étant pas représenté par ses légataires universels, l'est nécessairement par ses héritiers, alors même que ceux-ci ne recueilleraient qu'une part mesquine de la succession, ou même n'y prendraient rien, ce qui peut arriver si le défunt ne laisse ni propres ni héritiers légitimaires, le disponible comprenant alors tous ses biens; représentants du défunt, les héritiers restent soumis aux actions des créanciers héréditaires, chacun pour la part pour laquelle il représente le défunt, sauf leur recours contre les légataires universels pour ce qu'ils ont payé en sus de leur part d'*émolument* effectif, ou pour le tout s'ils n'ont aucune participation *aux biens*.

Le droit d'aînesse fait-il fléchir la règle suivant laquelle les héritiers sont tenus aux dettes de la succession au prorata de leur part? L'aîné, qui prend dans les biens nobles une part plus grande que les puînés, ne contribue cependant aux dettes que pour une part égale à la leur ; la règle est-elle donc mise de côté pour ce cas? Non, car l'aîné n'est *héritier* que pour la même part que les puînés ; ce qu'il prend de plus qu'eux, il le prend à titre de *préciputaire*, de *légataire particulier* (1), et à ce titre il ne contribue pas aux dettes ; mais comme le légataire particulier, il ne verra son préciput atteint par les créanciers, qu'en cas d'insuffisance de tous les autres biens de la succession ; et il est si vrai que le préciput de l'aîné ne fait pas exception à la règle, que quelques coutumes exceptionnelles le lui attribuant à titre d'*héritier* et non de *légataire*, et lui donnant ainsi une part *héréditaire* plus grande que celle des puînés, elles le chargent aussi d'une plus forte part dans les dettes.

Cette division des dettes entre les cohéritiers souffrait, au point de vue de l'*obligation*, la même exception que l'art. 1221 de notre Code Nap. lui impose, quand la dette était indivi-

---

(1) C'est une exception à l'art. 300 de la coutume de Paris, qui rejette le cumul des qualités de légataire et d'héritier.

sible. C'est un point qu'il n'est pas de mon sujet d'approfondir.

D'après ce qui précède, l'on voit que les dettes sont aussi bien charge des réserves et des légitimes, que du disponible; les legs se distinguent des autres charges héréditaires, en ce qu'ils ne sont que charges du disponible; ceux-là les doivent acquitter qui détiennent le disponible; aussi devrons-nous décider que l'héritier aux propres ne devra les legs que dans la proportion du *quint* des propres, relativement à la valeur des meubles et acquêts, car le quint des propres est seul disponible; l'héritier aux meubles et acquêts sera seul chargé du reste des legs, car il hérite de tout le reste des biens disponibles (1); et il faudrait incontestablement lui assimiler le légataire universel pour la même raison; aussi de droit commun, le légataire universel appelé à tout le disponible, paye-t-il *tous les legs*, et une part de dettes correspondante à la valeur du disponible comparée à celle des biens non disponibles.

J'ai dit plus haut que pour fixer la part de chaque héritier dans les dettes, il ne fallait pas

---

(1) C'était du moins l'avis de Pothier, qui réfute l'opinion contraire émise par quelques-uns, qui pensent que lorsqu'il n'y a pas lieu à *réduction*, il n'y a plus de *réserve*, ni par suite de *disponible*, et que dès lors les legs portent aussi bien sur la part des uns que des autres.

s'attacher à leur cause, mais seulement à la part héréditaire de chacun d'eux ; mais si l'un succède à une espèce de biens, l'autre à l'autre, propres paternels, propres maternels, meubles et acquêts, la valeur relative de ces biens ne pouvant être déterminée que par des ventilations toujours longues et minutieuses, les coutumes accordaient aux créanciers action contre les héritiers pour leur *part virile*, sauf à eux à s'indemniser mutuellement de ce que cette part virile excède, pour les uns ou les autres, la part héréditaire ; c'est là une restriction apportée par nécessité à la règle que chacun est tenu au prorata de sa part héréditaire, mais elle laisse le principe sauf.

De même, si la dette était hypothécaire, le créancier pourrait poursuivre l'héritier détenteur de l'immeuble hypothéqué pour le total : mais ce serait par action *hypothécaire*, distincte de l'action *personnelle* par laquelle cet héritier ne pourrait être poursuivi que pour sa part, et il y échapperait si de bonne foi il avait cessé d'être possesseur (Pothier, Traité des successions). S'il paye le tout, il a un recours contre ses cohéritiers, de son chef d'abord, et ensuite comme subrogé aux droits du créancier, s'il a réclamé la subrogation (1) ; mais dans ce cas,

---

(1) Elle n'avait pas lieu de plein droit dans notre ancienne jurisprudence.

l'a-t-il pour le tout, sauf déduction de sa part, contre le cohéritier détenteur d'un autre immeuble affecté à la même dette, ou seulement contre chacun de ses cohéritiers pour leur part et portion ? C'était une question vivement controversée, et que le Code Napoléon, art. 875, a tranchée dans ce dernier sens.

Tels furent les principes généraux du droit coutumier sur les charges héréditaires (1). Le Code Napoléon se les est appropriés en les pliant aux idées nouvelles consacrés dans les articles 732, 1004, 1006 (2). Comme la loi des

____

(1) Jusqu'à quel point la volonté du testateur pouvait-elle les modifier? C'est là une question dont la solution variait avec les coutumes; par exemple, dans les coutumes d'égalité, comme celle de Paris, par une conséquence de l'art. 300 (voir note 1, page 280), le testateur n'eût pas pu mettre telle dette ou tel legs à la charge exclusive d'un de ces héritiers. Dans les autres coutumes, il l'eût pu, mais c'eût été une question d'intention de savoir s'il s'était référé à l'*obligation* et à la *contribution*, ou seulement à l'*obligation*. Mais, dans toutes, la volonté du testateur eût été toujours obéie quand il se fût agi de légataires universels, qui ne tenaient leur droit que de cette volonté même (Merlin, Légataire, § 7, article 1, 18).

(2) Il est à remarquer que ces principes se rapprochent aussi beaucoup de ceux du droit romain.

Le légataire d'une quote des biens n'était qu'un légataire particulier, et comme il n'y a de biens que déduction faite des dettes, l'héritier, avant de lui faire délivrance du legs, prélevait sur les biens ce qui était nécessaire à l'acquittement des dettes; de cette manière, le légataire se trouvait contribuer aux dettes pour la part

Douze Tables, comme la loi 2, § 5, 25, § 9, *familiæ erciscundæ*, comme le droit ancien, le Code Napoléon consacre le principe de la division de plein droit des dettes héréditaires entre les cohéritiers du défunt ; le principe est donc que chacun des cohéritiers est tenu aux dettes et

---

correspondante à sa quote (loi 9, *de legatis*, 2° ; Cujas sur cette loi ; loi 72, *de jure dotium*).

Quant au légataire d'une quote-part de la succession, c'est-à-dire le légataire partiaire, que l'on peut comparer au légataire universel du droit coutumier et au légataire à titre universel du Code Napoléon, art. 1010, sa position était réglée d'après d'autres principes : légataire d'une partie de la *succession, et non des biens*, la règle *bona non intelliguntur* ne pouvait plus lui être appliquée; son legs comprenait une partie de l'universalité, *cum commodis et incommodis;* il fallait donc qu'il supportât une partie des dettes; mais comme il n'est pas héritier, il ne représentait pas le défunt, et ne pouvait par conséquent pas être actionné directement par les créanciers héréditaires; les dettes comme les créances héréditaires passaient toutes sur la tête de l'héritier, qui seul était poursuivi pour le tout par les créanciers du défunt; le légataire partiaire ne contribuait aux dettes que par voie de recours de l'héritier contre lui, et aux créances que par la même voie de lui contre l'héritier : ces recours étaient assurés par les *stipulations, partis et pro parte* (Gaïus, II, 254; Ulp. frag., tit. 25, § 15; Paul, sent. 4, III, 1). Le legs de partition tendit à se confondre avec le fidéicommis d'hérédité, malgré les différences qui existaient entre eux. Le fidéicommis était, en effet, régi par des principes analogues; longtemps le fidéicommissaire avait dû *acheter l'hérédité* du fiduciaire et faire les stipulations *emptæ et venditæ hereditatis;* puis le sénatusconsulte Trébellien était venu assimiler le fidéicommissaire à l'héritier quand le fidéicommis ne comprenait pas plus que les trois quarts de l'hérédité; le fidéicommissaire était *loco heredis*, avait les actions passives et actives de son chef, mais

charges de la succession pour sa part héréditaire ;
mais comme il se peut fort bien que la part
pour laquelle il doit y contribuer à l'égard des
créanciers ne soit pas la même que celle à laquelle il doit définitivement contribuer à l'é-
gard de ses coobligés, il y a lieu de distinguer

---

utiles seulement ; l'héritier pouvait bien encore à la rigueur être
actionné *directement* pour le tout ; il avait besoin, pour repousser
l'action jusqu'à concurrence de la part comprise dans le fidéicommis, de l'exception *restitutæ hereditatis*. Quelques années plus
tard, le sénatusconsulte Pégasien avait réglé le cas où le fidéicommis comprenait plus des trois quarts de l'hérédité; en permettant à l'héritier d'exercer la retenue de la Falcidie, le sénatusconsulte avait assimilé le fidéicommissaire qui subissait cette retenue
à un légataire partiaire (Instituts, liv. 2, tit. 12, § 38) ; en sorte que
les stipulations *partis et pro parte* devaient intervenir entre lui et
l'héritier.

Il est impossible de n'être pas frappé de l'analogie qui existe
entre la position de ce légataire partiaire ou du fidéicommissaire,
surtout dans le cas du sénatusconsulte Pégasien, avec celle du
légataire universel non saisi du droit coutumier, et aussi de l'analogie de position de l'héritier institué romain et de l'héritier du
sang saisi, que tous deux peuvent être poursuivis à raison des
dettes héréditaires pour le tout, alors qu'ils ne recueilleraient pas
les biens, sauf leurs recours assuré à l'un par les stipulations, à
l'autre par la loi.

L'on sait que Justinien, généralisant le sénatusconsulte Trébellien, mit toujours le fidéicommissaire *loco heredis*, et fit passer
sur sa tête les actions passives et actives.

Les droits de l'*institué* avaient donc fait adopter à Rome à peu
près les mêmes principes à l'égard du légataire partiaire ou du
fidéicommissaire (au moins avant Justinien), que les droits de
l'héritier du sang avaient fait introduire dans le droit coutumier à
l'égard des légataires universels.

ce que l'on a nommé *l'obligation* et *contribution* aux dettes.

Obligation; contribution; c'est là une distinction à laquelle j'ai déjà fait allusion et que
le Code Napoléon lui-même trace assez notte-
ment par la rédaction différente des articles 870,
871 et 873. L'*obligation* aux dettes suppose
l'héritier en rapport avec les créanciers, et déterminer l'obligation, c'est déterminer la limite
dans laquelle ces créanciers peuvent le poursuivre ; la *contribution* suppose l'héritier en
rapport avec ses cohéritiers, et la déterminer,
c'est déterminer la limite dans laquelle il doit
supporter *définitivement* les dettes, celle dans
laquelle il a le droit de se faire par eux indemniser des suites de son *obligation*. Il convient
de s'occuper d'abord de l'*obligation*.

DE L'OBLIGATION AUX DETTES, OU DES RAPPORTS
DES HÉRITIERS AVEC LES CRÉANCIERS HÉRÉDI-
TAIRES (1).

« Les héritiers, dit l'art. 873, sont tenus des
« dettes et charges de la succession personnel-
« lement pour leur part et portion. »
Voilà formulé légalement le principe de la

____

(1) Je parlerai à part des légataires.

division des dettes ; le créancier peut donc poursuivre chacun des cohéritiers pour sa part et portion (art. 724), parce que chacun d'eux représente la personne du défunt dans cette limite : aussi le peut-il même *ultra vires emolumenti*, parce que les choses se passent comme s'ils avaient contracté avec les héritiers eux-mêmes (sauf le bénéfice d'inventaire) ; il le peut alors même que les parts *dans les biens* ne seraient pas égales aux parts *héréditaires*, par exemple par suite de préciputs ; il le peut, encore que le partage mettrait leur dette dans le lot et à la charge exclusive d'un seul : le seul effet de ce partage serait de permettre au créancier de poursuivre pour le tout celui à la charge duquel la créance serait mise ; soit que l'on décide que l'art. 883 s'applique aux créances, soit dans le cas contraire, ce qui, je crois, est plus juste, en vertu de l'art. 1166, et comme exerçant le droit des cohéritiers de le forcer à supporter toute la dette ; et cela n'empêcherait pas qu'il conserve son action contre ces cohéritiers ; si 883 ne s'applique pas aux créances et dettes, cela ne peut faire aucune difficulté ; et s'il s'y applique, il ne peut s'y appliquer que sauf les droits acquis des tiers (1) ; or les

---

(1) Zachariæ, 4, § 638.

créanciers ont, par l'art. 1220 et par l'art. 873, un droit acquis à les poursuivre pour la part dont ils sont saisis dans la dette comme représentant le défunt. C'est exactement la même décision qu'il faut donner dans l'hypothèse où le titre même de l'obligation en met l'exécution à la charge exclusive de l'un des héritiers, ou que le testament du défunt porte une clause semblable ; elle a pour effet d'élargir le droit des créanciers, elle ne peut pas le restreindre, et elle n'a d'influence définitive que sur la *contribution*.

Les droits que l'art. 873 confère aux créanciers ne souffrent aucune atteinte par la présence de légataires universels, de successeurs irréguliers, qui doivent contribuer aux dettes ; les héritiers représentant le défunt pour le tout n'en restent pas moins tenus envers les créanciers pour le tout,.... c'est un point que je discuterai plus bas.

L'art. 873 astreint les héritiers à payer aux créanciers une part de la dette proportionnelle à leur portion *virile;* c'est là évidemment un vice de rédaction; le mot *virile* doit être remplacé par le mot *héréditaire;* il ne s'est glissé dans l'art. 873 que par un souvenir de l'ancien droit, où, comme je l'ai dit page 282, l'obligation devait exceptionnellement être fixée d'après les parts viriles; la même nécessité ne peut plus aujourd'hui se rencontrer.

Tel est le droit des créanciers héréditaires, mais il se borne là, et si l'un des cohéritiers était insolvable, l'autre eût-il encore entre les mains des biens héréditaires, le créancier ne pourrait pas, même sur ces biens, le rechercher à raison de cette insolvabilité. Et qu'il ne se plaigne pas que la division des créances et dettes opérées *ipso jure* par la mort de son débiteur, a lésé ses droits légitimes; la loi offrait un moyen d'éviter cette insolvabilité : la séparation des patrimoines; qu'il s'en prenne à lui-même de l'avoir négligé.

Cependant, dans plusieurs cas, les droits du créancier reçoivent de la loi elle-même une extension que ne comportait pas le principe de la division des dettes entre les héritiers; déjà j'ai dit qu'il pourrait avoir le droit d'agir pour le tout ou pour une part plus forte que la part héréditaire contre l'un des héritiers, en vertu d'une clause, soit du titre même de sa créance, soit du testament, soit du partage; mais, outre ces cas, la loi décide que l'un des cohéritiers pourra être actionné pour le tout, quand la dette est indivisible; et lorsqu'elle est hypothécaire, il peut agir pour le tout contre celui des héritiers qui est détenteur de l'immeuble hypothéqué à la dette. C'est ainsi que doivent être entendus les derniers mots de l'art. 873 qui déclarent que l'un des cohéritiers peut être poursuivi *hypothécairement pour le tout;* ce n'est là qu'une conséquence de l'indivisibilité de l'hypothèque : l'art. 873 suppose donc une hypothèque existant du vivant du testateur, *car la mort fixe l'état et les dettes d'un homme,* suivant une règle de notre ancien droit (1); l'héritier ainsi poursuivi hypothécairement continue la possession de son auteur; il ne peut donc pas être considéré ni traité comme un tiers détenteur ordinaire, il ne pourrait pas jouir du bénéfice de discussion de l'art. 2170; sa position est la même que celle d'un codébiteur *conjoint* non solidaire, qui aurait hypothéqué son fonds pour la dette commune, et qui ne pourrait pas revendiquer les priviléges que la loi accorde au simple tiers détenteur par cela seul qu'il aurait payé sa part dans la dette (2). Le cohéritier ne pourrait non plus et pour la même raison purger efficacement l'hypothèque. Mais rien ne l'empêcherait de délaisser s'il payait d'abord sa part dans la dette, éteignant ainsi son obligation personnelle (art. 2175); Pothier n'en faisait

---

(1) M. Zachariæ démontre ce point avec une clarté remarquable, tome 4, § 636, note 13.

(2) M. Zach., IV, 636.

aucun doute, parce que la faculté de délaisser est inhérente à la nature même de l'obligation qui naît de l'hypothèque, et qui est de payer ou de délaisser (1) (2168). Mais s'il paye le tout, l'héritier a nécessairement un recours contre ses cohéritiers; ceci nous amène à examiner le second côté de notre question (2).

La contribution aux dettes, ou les rapports des cohéritiers entre eux. — L'art. 870 dit que « les cohéritiers *contribuent entre eux* au payement des dettes et charges de la succession, chacun dans la proportion *de ce qu'il y prend;* » ajoutons: de ce qu'il y prend *à titre d'héritier*, car les legs particuliers ne contribuent pas aux dettes; si l'un des cohéritiers est en même temps légataire préciputaire, il ne contribue pas à raison des biens qu'il prend en cette qualité. Ainsi, à la différence de l'obligation qui se règle sur la part héréditaire, sur celle pour laquelle l'héritier représente le défunt, la contribution se règle sur l'*émolument*. Les cohéritiers ont donc recours les uns contre les

____

(1) M. Zach., iv, 636.

(2) J'examinerai, quand je parlerai spécialement du légataire universel, une controverse qui se rattache à l'*obligation* aux dettes: celle de savoir si les *héritiers* en présence de légataires universels peuvent être poursuivis pour le tout (plus bas; pages 294 et 296).

autres pour tout ce dont leur part héréditaire excédait leur part contributoire, comme ils ont recours lorsque par suite de l'indivisibilité de la dette ou de l'hypothèque qui la garantissait, l'un d'eux a payé toute la dette.

Si le cohéritier a payé pour le tout une dette indivisible, hypothécaire, il se trouve légalement subrogé aux droits du créancier qu'il a désintéressé (art. 875) (1), et par conséquent à ses hypothèques s'il existe dans la succession d'autres immeubles hypothéqués à la même dette ; c'était une question très vivement débattue dans notre ancienne jurisprudence, de savoir si cette subrogation (quand l'héritier l'avait requise) produirait entièrement son effet ordinaire, qui eût été de donner à l'héritier subrogé un recours pour le tout, sauf déduction de sa part, contre un seul de ses cohéritiers détenteur d'immeubles hypothéqués, ou bien si elle serait restreinte en ce sens que l'action hypothécaire serait déterminée sur le montant même de l'action personnelle, en sorte que le cohéritier ne pourrait agir par l'une que pour la somme pour laquelle il pourrait agir

---

(1) Cet article semble ne lui donner que la subrogation conventionnelle, mais c'est une erreur de rédaction résultant d'un souvenir de l'ancien droit, où la subrogation n'était pas légale.

par l'autre ; la subrogation n'aurait d'autre avantage, et déjà il est grand, que d'assurer par une hypothèque le recours pour la part contributoire de chacun des cohéritiers, recours qui sans elle eût été pur et simple ; ce dernier parti offre cet avantage considérable d'éviter entre les cohéritiers une série de recours féconde en procès, et d'autant plus regrettable, que celui-là même qui eût exercé le premier recours se fût trouvé exposé à une action récursoire de la part de celui contre lequel il eût agi, si le partage avait été déjà effectué, à raison de l'éviction qu'il lui eût fait subir et pour laquelle il lui doit garantie (art. 884) ; le plus simple est d'éviter cette éviction : « *Quem de evictione tenet actio eumdem agentem repellit exceptio.* » Le Code Nap. n'a donc pas hésité à diviser le recours que l'héritier exerce par subrogation comme celui qu'il exerce de son chef, et il décide, dans son art. 875, que le cohéritier qui, par l'effet de l'hypothèque, a payé au delà de sa part de la dette commune, n'a de recours contre les autres cohéritiers que pour la part que chacun d'eux doit personnellement en supporter, *même dans le cas où le cohéritier qui a payé la dette se serait fait subroger aux droits des créanciers;* déjà j'ai fait remarquer que cette dernière phrase devait être remplacée par celle-ci : bien qu'il soit légalement subrogé (1251-3º) (1).

Telle est la règle qu'il faut suivre toutes les fois que l'un des cohéritiers, par une cause quelconque, aura payé au delà de sa part contributoire dans la dette ; mais si cela tient à ce qu'il y a, outre les héritiers, des successeurs universels, s'il n'a payé que dans la limite de sa part héréditaire, c'est contre les successeurs universels, et non contre ses cohéritiers, qu'il exercera son recours pour ce dont sa part héréditaire excède sa part contributoire, et il l'exercera divisément.

Au reste ces règles auraient quelques modifications à subir s'il s'agissait d'un héritier bénéficiaire ; mais je n'ai entendu parler que de l'héritier pur et simple.

Mais dans quelles limites doivent-elles être appliquées aux légataires universels, c'est ce qui me reste à examiner dans cette dernière partie de ma thèse.

En ce qui concerne le passif héréditaire proprement dit, car le payement des legs sera l'objet d'un paragraphe distinct, toute la question se résume en deux points : 1º *au point de vue de*

---

(1) L'art. 876 modifie cette règle pour le cas où l'un des cohéritiers est insolvable, ou plutôt la concilie avec une autre qu'il faut suivre dans cette hypothèse.

l'obligation, le réservataire en concours avec un légataire universel peut-il être poursuivi pour sa part *héréditaire*, et par suite pour le tout s'il est seul, sauf son recours contre le légataire universel, ou bien ne peut-il l'être que dans la limite de la quotité de biens à laquelle il est appelé réellement ? 2° Le légataire universel est-il tenu *ultra vires* s'il est saisi, ou même s'il ne l'est pas, comme l'a décidé la Cour de cassation ? Si l'on résout la première question en ce sens que le réservataire ne sera pas tenu au prorata de la part dont il est saisi, mais seulement de celle qu'il doit recueillir, et si, par une conséquence qui me paraît en être inévitable, l'on décide la seconde question par l'affirmative, il est clair qu'entre l'héritier légitime et le légataire universel il n'y a aucune différence à faire, et il faudra appliquer au dernier, sans nulle restriction, tout ce que les art. 870 et suivants disent du premier. Que si, au contraire, l'on adopte pour nos deux questions la solution opposée, il faudra reconnaître que ces articles doivent recevoir, lorsqu'il s'agira de les appliquer au légataire universel, de notables modifications, soit quant à l'obligation, soit même quant à la contribution.

Voyons donc quel parti il paraît plus conforme aux principes de prendre sur ces deux questions.

1° *L'héritier réservataire* (1), *en concours avec un légataire universel, peut-il être poursuivi pour le tout par un créancier héréditaire* (2), *sauf son recours contre le légataire universel ?* — L'affirmative me paraît incontestablement préférable. Voici sur quels fondements se base l'opinion contraire : aux termes des art. 1009 et 1012, le créancier a action contre le légataire universel ou à titre universel *personnellement* pour sa part et portion et hypothécairement pour le tout; le légataire universel est donc traité exactement comme les héritiers légitimes; le légataire universel qui a reçu délivrance est donc devenu un véritable héritier, et la division des dettes doit avoir lieu entre lui et le réservataire comme entre deux cohéritiers (art. 873). Le réservataire ne doit pas pouvoir être poursuivi pour la part du légataire universel plus qu'il ne pourrait l'être pour la part d'un cohéritier légitime, réservataire comme lui si l'on veut; d'ailleurs l'art. 870 ne met à la charge de l'héritier qu'une portion de dette correspondante à celle *qu'il prend;* or, le réservataire *ne prend* qu'une quote-part des biens, il ne saurait donc être tenu pour le tout; enfin l'art. 873 ne le forcerait à payer le tout qu'*hy-*

---

(1) Je le supposerai seul réservataire.

(2) Après la délivrance, car avant cela ne peut faire doute,

pothécairement : on ne pourrait donc l'y contraindre par l'action *personnelle.*

Ces arguments ne me paraissent pas de nature à entraîner les convictions ; il s'en faut bien, en effet, qu'ils soient irréfutables. Dans l'ancien droit, où l'héritier du sang était incontestablement tenu pour le tout, malgré la présence du légataire universel, celui-ci était tenu directement et par action personnelle pour sa part ; déjà j'ai dit l'origine de cette action personnelle ; le légataire universel, dans le très vieux droit, ne contribuait aux dettes que *par voie de déduction,* comme le légataire romain d'une *quote-part des biens ;* puis, pour éviter des circuits et les embarras de la déduction, on imagina de donner aux créanciers héréditaires une action personnelle et directe contre le légataire universel pour sa part contributoire ; le résultat était le même et le moyen était plus simple ; de là l'art. 334 de la coutume de Paris, qui porte que, « s'il se trouve des donataires ou « légataires universels, ils sont tenus de con- « tribuer *au payement* des dettes chacun pour « telle part et portion dont ils amendent dans « la succession » (ci-dessus page 180) ; mais cela n'empêchait pas que *l'héritier* ne pût toujours être poursuivi pour le tout, sauf recours, comme seul saisi, comme seul représentant du défunt ; l'art. 1009 n'est que la reproduction de l'ancien droit formulé par la coutume de Paris, il ne faut donc pas lui attribuer d'autres effets que ceux que l'on attribuait à l'ancien droit; 1009 a pour but d'accorder au créancier une faculté qu'il n'avait pas avant la délivrance (1), celle de poursuivre personnellement le légataire universel pour sa part; mais il ne peut pas avoir pour effet de le priver du droit que l'art. 1004, en conférant la saisine pour le tout à l'héritier réservataire, lui a donné de poursuivre ce réservataire pour le tout; c'est là pour lui un droit acquis que le fait de la délivrance du legs ne peut pas lui avoir enlevé; d'ailleurs le mot *personnellement*, dont on tire argument, s'explique plus naturellement qu'en y cherchant l'abrogation de notre ancienne jurisprudence, si l'on n'y voit que le désir de mettre l'action *personnelle* en opposition avec l'action *hypothécaire*, qui peut être dirigée contre le légataire universel pour le tout, aussi bien que contre l'héritier détenteur d'immeubles hypothéqués à la dette. J'écarte ainsi le premier argument tiré de l'art. 1009.

L'art. 870 n'en fournit pas un plus solide, car il s'occupe de la *contribution* (*entre eux*) et

---

(1) Car je pense que la saisine a pour effet de permettre aux créanciers de poursuivre le saisi, et à celui-ci de poursuivre les débiteurs (ci-dessus, page 242).

non de l'*obligation* aux dettes; et d'ailleurs le réservataire est *héritier* pour le tout; on peut donc dire, à la rigueur, que s'il ne prend qu'une partie *effectivement*, il prend le tout *héréditaire-ment*. Enfin l'art. 873 laisse la question entière; il y a plus, il fournirait plutôt un argument en faveur de mon opinion, car il décide que les héritiers sont tenus des dettes au prorata de leur part virile (disons héréditaire), sauf recours contre les légataires universels; on pourrait dire que la part *héréditaire* du réservataire est *le tout*, qu'il doit donc payer le tout, sauf son recours; il est vrai que cet argument pourrait lui-même être repoussé par cette considération que l'article 873 met sur la même ligne les *cohéritiers* et les légataires universels, et que l'un des *héritiers* ne peut pas être tenu de la part *de son cohéritier* (1). J'en conviens, mais toujours est-il que l'art. 873 est au moins neutre.

Ce n'est point assez de réfuter la négative, il faut de plus établir l'affirmative, et voici par quelles considérations elle se recommande particulièrement.

Jamais elle ne fit le moindre doute dans le droit coutumier; Dieu seul fait les héritiers; le défunt, incapable de faire par testament un successeur à sa personne, ne peut faire qu'un

______

(1) M. Toullier,

successeur *à ses biens;* mais alors même qu'ils ne recueillent pas ses biens, les *héritiers* du défunt représentent seuls sa personne, sont seuls *saisis* de l'hérédité; et comme une des conséquences de la saisine est de faire passer sur la tête du saisi les dettes du défunt, il en résulte que l'héritier du sang est censé s'être obligé personnellement envers les créanciers; il s'est même obligé envers eux par quasi-contrat en acceptant, ou plutôt en ne répudiant pas la succession (car nul n'est héritier qui ne veut); dès lors le créancier héréditaire, en poursuivant l'héritier, poursuit son propre débiteur; il le peut poursuivre pour le tout, c'est là une conséquence que nul n'hésita jamais à tirer des deux prémisses *le mort saisit le vif son hoir le plus proche habile à succéder*, et : *institution d'héritier n'a point de lieu en France*, et de l'art. 209 de la coutume de Paris qui explique ainsi cette seconde maxime : « C'est-à-dire « qu'elle n'est requise et nécessaire pour la « validité du testament; mais ne laisse de « valoir la disposition jusqu'à la quantité des « biens dont le testateur peut valablement dis- « poser par la coutume. » Le légataire univer- sel, simple successeur aux biens, fut bien soumis à une action personnelle pour sa part et portion, mais cette action était *imparfaite*, selon l'expres- sion de *Lebrun* dans son Traité des successions, la parfaite subsistant contre l'héritier saisi, pour le tout, ou pour sa part héréditaire, selon qu'il est seul ou qu'il a des cohéritiers. Pothier explique ces principes avec la dernière clarté dans son Traité des successions, ch. V. Ils ont leur base et leur justification dans cette idée qui domine tout le droit des successions et des donations testamentaires, que l'héritier du sang est seul représentant de la personne du défunt, et qu'il demeure tel quelle que soit d'ailleurs la quotité des biens absorbés par les legs universels.

Ces principes sont-ils encore ceux du Code Napoléon? Je n'en vois pas la répudiation dans les art. 1009, 870 et 873 ; j'en vois au contraire la consécration dans d'autres dispositions du même Code.

D'un côté, l'art. 724 accorde aux héritiers légitimes la saisine sous la condition d'acquitter toutes les charges dont l'art. 1004, qui le donne au réservataire, ne le lui donne qu'à la même condition ; c'est là le prix auquel la loi met la saisine.

D'un autre côté, l'art. 1220 déclare que les héritiers sont tenus de payer les dettes pour la part dont *ils sont saisis* (1) dans la succession ; mais le réservataire en concours avec un légataire

---

(1) Pour la contradiction apparente de cet argume: t avec ce qui est dit ci-dessous, page 304, *in fine*, voir la note 2, à la page 242.

universel est saisi de toute la succession ; il est donc tenu de toutes les dettes, et alors même que par la délivrance il a perdu la saisine, son obligation reste la même, elle constitue un droit acquis pour le créancier ; elle est la conséquence, non pas de ce qu'il *a* la saisine, mais de ce qu'il *l'a eue*.

Si nous joignons à cela qu'il résulte des travaux préparatoires du Code, ainsi que je le montrerai plus loin, que les rédacteurs de l'art. 1002 ont eu pour but de conserver exactement les anciens principes sur la valeur *des* dispositions testamentaires, nous demeurerons convaincus que le réservataire en concours avec un légataire universel peut, même après la délivrance du legs, être poursuivi pour le tout par les créanciers héréditaires, sauf son recours contre le légataire pour sa part contributoire, et même pour cette part dans les limites de son émolument, comme s'il était un héritier bénéficiaire.

La seconde question, celle de savoir *si le légataire universel est tenu* ULTRA VIRES, se lie intimement à la première, et l'on sent que l'affirmative sur celle-ci entraîne comme une espèce de conséquence la négative sur celle-là. Cependant on a soutenu, et non sans force, que le légataire universel qui n'est pas en concours avec un héritier réservataire, et qui, par conséquent, a la saisine des biens (1006), est tenu *ad instar heredis* aux dettes et charges du dé-

funt même *ultra vires successionis*, et voici
comment l'on raisonne dans cette opinion : le
légataire universel *saisi* représente le défunt;
le Code Napoléon a pris un juste milieu entre le
droit coutumier, où le légataire universel ou
héritier institué ne représentait jamais le testateur, et le droit romain suivi dans les pays de
droit écrit, où il le représentait toujours; est-il
en concours avec un réservataire, le légataire
universel n'est que le simple *successeur aux
biens*, et comme tel tenu seulement *intra vires*;
mais un réservataire n'est-il pas là pour lui
enlever la saisine, il est, par la conséquence de
la saisine, continuateur de la personne, c'est le
successeur du droit romain, il est sur la même
ligne que l'héritier légitime de l'art. 724; par-
ticipant aux bienfaits de la saisine, il doit en
supporter les charges.

Cette argumentation me paraît pécher par sa
trop grande généralité et par l'importance excessive qu'elle attribue à la saisine; sans doute
il faudrait bien l'admettre si la saisine avait
nécessairement pour effet de donner au saisi
le caractère de représentant de la personne;
mais il n'en est rien; la saisine est fait de possession, et si l'on admet la vérité des idées que
j'ai développées sur la saisine héréditaire, l'on
verra que la saisine des art. 1004 et 1006, en
ce qui touche les créances et dettes, consiste

seulement dans l'*exercice* (1) de ces droits; en
sorte qu'*avant la délivrance* le légataire universel
en concours avec un réservataire ne peut, ni
poursuivre les débiteurs de la succession, ni être
poursuivi par les créanciers héréditaires, tandis qu'il le pourra après la délivrance à lui
faite, et le légataire universel qui n'est pas en
concours avec un héritier réservataire le peut
de plano, en vertu même de son titre légalement constaté (art. 1008); la saisine est donc
indépendante de la représentation de la personne qui n'est pas comme elle une question de
possession; sans doute, tout représentant de la
personne est par là même *saisi* de ses biens:
ainsi l'exigent le bon sens et la force des choses;
mais tout saisi n'est pas représentant de la personne; qui jamais imagina de dire que l'exé-
cuteur testamentaire, qui, dans l'ancien droit,
avait *ipso jure* la saisine du mobilier, et qui
maintenant peut la recevoir (1026), est représentant du défunt dans la limite du mobilier?
Ce n'est donc pas *à la saisine* mais à la représentation de la personne du défunt qu'il
faut s'attacher pour savoir si le légataire universel sera tenu *ultra vires;* représente-t-il
donc le défunt lorsqu'il n'est pas en concours

---

(1) Qu'est-ce, en effet, que la possession d'un droit, sinon la
faculté de l'exercer?

avec un réservataire? C'est ce que l'art. 1006 ne prouve aucunement. Notre droit coutumier était, sur ce point, on ne peut plus formel; Loisel dit bien que le légataire universel est tenu pour héritier (1), mais avec cette différence qu'il ne représente pas le défunt, et que par suite il n'est tenu des dettes que *ob rem*, comme détenteur, dans la limite de son émolument, sans avoir besoin de prendre des lettres de chancellerie, sans lesquelles l'héritier eût été tenu *ultra vires;* le légataire n'eût été tenu *ultra vires* que faute par lui de faire inventaire, reconnaissant la suffisance des biens héréditaires par la confusion qu'il en a faite avec les siens. Ricard pensait même que dans ce cas il eût pu se soustraire à cette obligation par l'abandon de ses biens constatés par commune renommée (ci-dessus, page 279). Ce droit a-t-il été abrogé par le Code Napoléon pour le cas où le légataire universel n'étant pas en concours avec des réservataires, est saisi des biens? Le légataire universel représente-t-il le défunt? J'ai montré que de la saisine on ne pouvait sûrement conclure à la représentation de la personne. Que reste-t-il donc pour l'établir? Les travaux pré-

---

(1) Institutes coutumières, n° 313.

paratoires du Code? Nullement, et leur examen attentif prouve abondamment que les rédacteurs des art. 1002, 1004 et 1006 ont entendu y consacrer les idées anciennes. Les termes de l'art. 1002, déjà bien concluants en eux-mêmes, le deviennent encore beaucoup plus quand on les fait précéder de ces paroles prononcées au Tribunat : « Il faut, tout en laissant subsister la « dénomination d'institution d'héritier, qui est « en si grand usage, annoncer en même temps « que *tous les effets attachés à la loi romaine,* « au titre d'héritier, sont entièrement effa- « cés » (1). De son côté, M. Favard exprimait la même idée dans son discours au Corps législatif : « Il a fallu, disait-il, conserver la faculté d'em- « ployer la qualification d'héritier, pour ne pas « trop déroger aux usages; *le mot restera donc,* « mais l'effet de l'institution d'héritier étant le « même que celui de l'institution du légataire, « le droit sera uniforme, et pour rendre l'idée « plus simplement, l'un des mots sera syno- « nyme de l'autre.

« Alors disparaîtra la bigarrure du droit an- « cien, car le titre d'héritier présentait une « autre idée et était sujet à d'autres lois que le « titre de légataire universel.

---

(1) Locré, tome 9, p. 323.

« *On ne distinguera donc plus que l'héritier*
« *légal ou naturel, et l'héritier institué ou léga-*
« *taire universel.* »

Ainsi, voilà une ligne de démarcation bien
tranchée entre l'héritier du sang d'un côté, et
de l'autre le légataire universel, et M. Favard
se garde bien de distinguer pour celui-ci le cas
où il n'est pas saisi du cas où il l'est, et dans ce
dernier cas de l'assimiler à l'héritier. Non,
même alors il s'en distingue, en ce que la disposition ne produira jamais pour lui que les
effets du legs universel (*le mot seul restera...*),
et parmi ces effets ne figure pas la représentation de la personne du défunt, et c'est à cette
représentation seule qu'est attachée l'obligation aux dettes *ultra vires*. Dès lors, il est certain que les rédacteurs du Code n'ont pas entendu innover, mais, au contraire, qu'ils se
sont ralliés au principe coutumier. C'est ce qui
faisait dire à l'un des orateurs que c'était là un
sacrifice que la loi nouvelle demandait aux
pays de droit écrit (1).

Il est bien évident que si je ne tiens pas pour
obligé *ultra vires* le légataire universel saisi, à
plus forte raison je déchargerai de cette obli-

____

(1) Je renvoie aux positions la discussion de l'article 1009, au
mot *personnellement*.

gation celui qui est en concours avec un ou plusieurs réservataires.

Telle est la limite dans laquelle l'art. 873 se trouve applicable au légataire universel, par l'art. 1009. De même si le réservataire a payé toute la dette, il n'a recours contre le légataire universel, pour sa part, que dans la limite de son émolument *intra vires*, et il n'a pas à se plaindre, car le bénéfice d'inventaire aurait pu le mettre à l'abri de l'obligation *ultra vires*, et les garanties qu'il a pu exiger du légataire, en lui faisant délivrance, ont pu le mettre en sécurité contre son insolvabilité possible, et assurer l'efficacité de son recours (art. 871-873).

Mais, du moins dans la limite des forces de la succession, le légataire universel peut-il être poursuivi sur les biens personnels? Sur cette question l'ancien droit francais ne nous fournit pas une décision bien précise: Lebrun dit que l'action que les créanciers ont contre le légataire est une action personnelle, mais *personnelle imparfaite*; Pothier admet qu'il peut y échapper par l'abandon des biens de la succession; Ricard l'admet aussi, mais il faut reconnaître que cela, pour le point qui nous occupe, ne tire pas à grandes conséquences, car le même droit était accordé à la femme commune qui a accepté la communauté, et cependant on ne faisait pas de doute que dans la limite de son émolument elle ne fût tenue sur les biens personnels. Le Code Napoléon n'a pas non plus tranché la question ; cependant l'opinion qui décide que le légataire universel est tenu sur ses propres biens, sauf à ne l'être que *intra vires*, me paraît le plus admissible ; elle a ce grand avantage de se conformer au sens littéral de l'art. 1009 (personnellement) et à ce principe que quiconque est tenu personnellement l'est sur ses propres biens ; cette opinion invoque aussi, et avec quelque raison je pense, cette considération que la loi a cru, pour déroger à ce principe en faveur de l'héritier bénéficiaire, devoir s'en expliquer positivement (art. 802, 803), tandis qu'elle ne l'a pas fait pour le légataire universel. J'en conclurais assez volontiers que le légataire universel n'aurait plus la faculté d'abandonner les biens de la succession, pour se soustraire à l'obligation personnelle que l'article 1009 lui impose, ce qui n'empêcherait pas que les créanciers ne puissent, sans s'en tenir à l'estimation des biens héréditaires, exiger leur vente aux enchères.

Enfin doit-on accorder au légataire universel la faculté de n'accepter que sous bénéfice d'inventaire ? De quelle utilité pourra lui être cette précaution, peut-on m'objecter, puisque le légataire universel n'est pas tenu *ultra vires* ?

Elle lui serait en effet inutile si l'on décidait qu'il ne peut pas être poursuivi sur ses biens propres; mais si nous décidons qu'au contraire il le peut, le bénéfice d'inventaire va lui être fort utile à l'effet d'opérer une espèce de séparation de son patrimoine propre et de celui du défunt, conformément à l'art. 802.

Je ne vois pas de raison sérieuse de lui refuser cette faculté; le Code sans doute, dans la section qui lui est consacrée, ne la lui accorde pas, mais il ne la lui refuse pas, et je pense qu'il y a lieu de lui appliquer les dispositions du Code sur le bénéfice d'inventaire relativement aux héritiers, comme on lui applique les règles du partage entre cohéritiers. Ne serait-il pas d'ailleurs bizarre que le légataire universel que la loi ne charge des dettes que *intra vires* se vît refuser un bénéfice qui est accordé à l'héritier tenu *ultra vires?* Que si l'on adopte l'opinion qui charge le légataire du payement des dettes *ultra vires,* il faut alors lui accorder le bénéfice d'inventaire, comme à l'héritier auquel on l'assimile; au lieu de raisonner *a fortiori,* on raisonne *a pari* (1).

Jusqu'ici, j'ai parlé des dettes, mais, quant

----

(1) Pour les conséquences du défaut d'inventaire, ci-dessus, page 279.

aux legs, quelles sont les personnes chargées de les acquitter? Ce sont les héritiers et les légataires universels et à titre universel, ou, pour parler plus exactement, ce sont ceux qui recueillent le disponible, et dans la proportion de la part qu'ils y prennent. Ainsi, le légataire universel est-il en concours avec des réservataires, il prend tout le disponible, il paye tous les legs (1009); est-il en concours avec un légataire à titre universel, celui-ci y contribue pour sa part; est-il seul, à plus forte raison, il les paye tous (1009). Les legs particuliers sont, en effet, charge du disponible, et rien que du disponible, et non de la réserve. Il n'en saurait être autrement, et c'est ce que Pothier décidait quand il ne mettait à la charge de l'héritier aux propres qu'une part des legs proportionnelle à la valeur du quint des propres, relativement à tout le reste des biens disponibles (1) (ci-dessus, page 281).

Mais quel que soit le débiteur du legs particu-

---

(1) La volonté du testateur pourrait changer ces règles; elles fléchiraient aussi si un legs pouvait être considéré comme la charge d'un autre; ainsi un légataire à titre universel de tous les immeubles payerait sans aucun recours, et pour le tout, le legs particulier d'un immeuble compris dans l'universalité de ceux qui lui ont été légués. Mais la volonté du testateur serait impuissante à changer cette règle que les legs sont charge exclusive du disponible, car il ne peut pas porter atteinte à la réserve.

lier, il faut toujours décider qu'il n'en est tenu que *intra vires ;* l'obligation aux dettes *ultra vires* ne tient en effet qu'à la représentation de la personne du défunt; mais comme débiteurs du legs, les héritiers ne représentent pas le défunt, car celui-ci n'a jamais dû les legs; l'héritier ou le légataire universel n'en est tenu que comme détenteur des biens, aussi n'en peuvent-ils être tenus que dans la limite de ces biens.

Les anciens auteurs sont unanimes sur ce point : les legs, disent-ils, ne se payent *que sur les biens,* déduction faite des dettes; le Code Napoléon n'a certainement pas innové, l'article 724 oblige l'héritier saisi à *toutes* les charges, mais le mot *charges* ne comprend pas le legs, car dans l'art. 1009, il leur est opposé; d'autre part l'art. 802 restreint l'effet du bénéfice d'inventaire à décharger l'héritier de l'obligation indéfinie *aux dettes,* et il ne parle pas des legs; donc c'est que de droit commun il n'est pas tenu des legs comme il l'est des dettes.

Comme les legs sont charge exclusive du disponible, et que le légataire universel en concours avec un réservataire prend tout le disponible, il paye tous les legs aux termes de l'art. 1009, mais, ajoute cet article, « sauf le cas « de réduction, ainsi qu'il est expliqué aux « art. 926 et 927. » Ces derniers mots sont équivoques, en raison de l'espèce d'antithèse qui existe entre les mots *tous les legs*, et la réduction que le légataire universel peut faire subir aux legs particuliers; mais voici comment s'explique tout naturellement cette obscurité : l'art. 1009 a simplement pour but d'opposer les dettes aux legs; les premières sont charges communes au réservataire et au légataire universel; les seconds sont charges exclusives du légataire, c'est en ce sens qu'il les paye *tous;* mais ce n'est pas à dire qu'il les paye *intégralement :* tout ce que la loi veut dire, c'est que le réservataire n'y contribue pas et n'y est pas obligé; mais le légataire universel, je le répète, ne les doit pas en entier toujours : il ne les devra en entier que quand le testateur l'aura ainsi ordonné, ou qu'il n'y aura pas eu lieu à réduction (926 et 927 *a contrario*). Mais lorsque le disponible aura été dépassé par les dispositions testamentaires, et qu'il y aura lieu à réduire ces dispositions, nous appliquerons l'art. 926, et nous ferons porter la réduction sur les legs particuliers aussi bien que sur les legs universels (1).

Tel est le sens du renvoi que fait l'art. 1009 aux art. 926 et 927.

---

(1) Mais se peut-il qu'il n'y ait pas lieu à réduction? Oui, ce me semble, si le legs universel était fait en ces termes : « Je lègue tout mon disponible » (ci-dessus, au chap. Ier).

POSITIONS.

DROIT ROMAIN.

I. Les lois 78, *princ.*, et 35, *de heredibus ins-tituendis*, s'appliquent-elles à la même hypo-thèse ? — Non.

II. Lorsque le testateur ignorait que la con-dition fût impossible, doit-on considérer encore l'institution comme pure et simple, ou doit-on l'annuler avec la condition ? — L'institution tient comme pure et simple.

III. Un legs peut-il être subordonné à une condition potestative de la part d'un tiers ? — Oui, mais pas à *sa seule volonté*.

IV. La volonté du testateur peut-elle faire écarter le droit d'accroissement ? — Non.

V. Lorsqu'un déporté est institué, l'hérédité est-elle attribuée au fisc ou bien à ceux aux-quels le déporté faisait obstacle, dans la succes-sion testamentaire ou ab intestat ? — Elle est attribuée à ces derniers.

VI. Les lois 40 à 41, au Dig., *de heredibus instituendis*, peuvent-elles se concilier avec la loi 3, Code, *eod. tit. ?* — Oui.

VII. Quel est l'effet de la condition résolutoire accomplie au point de vue de la retranslation de propriété ? — Dissentiment des jurisconsultes romains.

DROIT FRANÇAIS.

I. Le réservataire en concours avec un légataire universel peut-il être actionné pour le tout par un créancier héréditaire, sauf recours contre le légataire universel ? — Il peut l'être.

II. Le légataire universel est-il tenu des dettes *ultra vires ?* — Il ne l'est jamais.

III. Le légataire universel en présence d'un frère et d'un aïeul du défunt est-il saisi ? — Oui.

IV. La dot mobilière de la femme est-elle inaliénable ? — Non.

V. Est-il nécessaire, pour que la donation produise son effet, que le donateur soit capable au moment de la notification qui lui est faite de l'acceptation, ou suffit-il qu'il le soit au moment de l'acceptation ? — Il doit l'être seulement au moment de l'acceptation.

VI. Faut-il être héritier pour avoir droit à la réserve? — Oui.

VII. La femme étrangère a-t-elle hypothèque sur les immeubles possédés en France par son mari? — Distinctions.

VIII. La possession d'état peut-elle être admise comme preuve de la filiation naturelle ? — Oui.

DROIT CRIMINEL.

I. La prescription de l'action publique et de l'action civile, pour crimes et délits, a lieu *absolument* par le même laps de temps.

II. Le complice doit-il être puni à raison des circonstances aggravantes du crime ou délit, quand il ignore ces circonstances. — Oui, si elles sont inhérentes au crime lui-même; non, si elles tiennent à une qualité personnelle de l'auteur principal.

HISTOIRE DU DROIT.

I. Quelle est l'origine de la maxime : *le mort saisit le vif ?* — Elle est germaine et surtout féodale.

II. Quelle est l'origine de la censive ? — Elle est romaine et féodale.

DROIT INTERNATIONAL.

I. Les jugements rendus par les tribunaux étrangers doivent-ils et peuvent-ils être révisés par les tribunaux français ? — Distinctions.

II. Les étrangers ont-ils en France seulement les droits civils qui leur sont accordés, ou bien ont-ils ceux qui ne leur sont pas enlevés ? — Ils ont ceux qui ne leur sont pas enlevés.

Vu par le Président de la thèse, Doyen de la Faculté,

C.-A. PELLAT,

Le Vice-Recteur,
CAYX.

TABLE DES MATIÈRES.

DROIT ROMAIN.

CHAPITRE II.

TITRE III.

DES MODALITÉS DE L'INSTITUTION.

CHAPITRE UNIQUE.

DROIT FRANÇAIS.

ANCIEN DROIT FRANÇAIS.

CHAPITRE IV.

CHAPITRE V.

SECTION Ire. — *Payement des dettes.*

SECTION II. — *Payement des legs.*

www.ingramcontent.com/pod-product-compliance
Ingram Content Group UK Ltd.
Pitfield, Milton Keynes, MK11 3LW, UK
UKHW020725120726
13693UKWH00001B/171